Herstellung: Books on Demand GmbH

ISBN 3-8311-3386-7

2

1. Einführung

»Der Schauspieler ist ein dankbares Objekt für den Psychologen, den Anthropologen, den Kulturkritiker - Beute des Philanthropen und des Misanthropen, Gegenstand der Liebe und das Hasses.« (Drews 1961, S.20)

Selten jedoch war der Schauspieler bisher von wissenschaftlichem Interesse für die Linguistik. Die vorliegende Arbeit, angesiedelt im Bereich der Pragmatik, soll einen neuen Blickwinkel in der Auseinandersetzung mit jener Darstellungskunst eröffnen. In ihr wird ein Instrumentarium zur Analyse schauspielerischer Fehlleistungen entwickelt, dass sich aus der Zusammenführung sprechakt- und schauspieltheoretischer Modelle ergibt. [1]

Zu dieser Thematik existieren weder in der Theaterwissenschaft, noch in der Schauspielpädagogik wissenschaftliche Arbeiten. Selbst die Psycholinguistik setzt sich nur sehr marginal mit diesem Bereich auseinander. Die Ende der siebziger Jahre endgültig etablierte Versprecherforschung z.b. arbeitet mit den Mitteln der linguistischen Kompetenztheorie (cf. Berg 1988, S.3). Sie kann aufgrund ihrer Fokussierung auf die Phonemebene allerdings keinen Eingang in diese Arbeit finden, da in den folgenden Ausführungen ganze Sprechakte und

---

[1] Es geht in dieser Arbeit in erster Linie um die Aufführung naturalistischer Theaterstücke. Spezielle Textsorten wie die klassischen Dramen Shakespeares oder die absurden Stücke Ionescos müssen gesondert untersucht werden. Auch Straßentheater, Wirklichkeitstheater oder Unternehmenstheater können nur gestreift werden. Die Konzentration der Untersuchung auf Schauspieler gründet auf folgender Tatsache: Rezitatoren, Redner und Moderatoren, die ebenfalls zuvor festgelegte sprachliche Handlungen memorieren, wurden nicht interviewt, weil sie keine Ausbildung im Sinne einer Schauspielschule haben. Darüber hinaus ist durch die Tatsache, dass sie ihre behauptenden Sprechakte direkt an das Publikum richten, eine andere Kommunikationsebene gegeben, als auf der Bühne.

deren fehlerhafte Wiedergabe untersucht werden. Generelle Aussagen zur Problematik von Fehlleistungen fließen jedoch sehr wohl ein.

Hertha Arendts hat mit ihrer Dissertation „Gedächtnis und Erinnerung in der Schauspielkunst - schauspielerische Lern- und Produktionsprozesse" (1994) begonnen, die Zusammenhänge zwischen Lern- und Reproduktionstechniken und kreativen bzw. Produktionsprozessen - verstanden als Verbindung von Erinnerungs- und Gedächtnisvorgängen zu klären. Einleitend stellt sie fest, dass das Modul 'Lernen/Reproduzieren' sich gewandelt hat vom unabhängigen mechanisch-technischen Vorgang in der rhetorisch ausgerichteten klassischen Theaterkunst hin zur direkten Verbindung mit dem gestalterischen Prozeß (Szenenarbeit, Intention des Stückes, Rollenentwicklung). Infolge dieser Revolution mußte sich der Schauspieler nicht nur mit dem Aneignen der Sprechakte auseinandersetzen, sondern auch deren Sequenzierung und psychologische Strukturierung mitaufnehmen.

Die ausgebildeten Schauspieler sind es, die im Spannungsfeld zwischen Text und Gedächtnis eine Leistung vollbringen, deren Diffizilität viel Freiraum für Fehlleistungen läßt: das sprachliche Handeln in der Reproduktion - inwiefern es sich überhaupt um Reproduktion handelt, bedarf im Rahmen dieser Arbeit einer dringenden Klärung. Das Hauptaugenmerk gilt dabei der Frage, wie es zu Fehlern wie Versprechern, sogenannten Hängern oder Nicht-Erinnern ganzer Sprechaktsequenzen bei der Reproduktion kommt.

Das hierzu untersuchte Material steht in Form von Interviews zur Verfügung. Die Wahl des zu untersuchenden Objekts fiel dabei aus folgenden Gründen auf den dramaturgischen literarischen Text bzw. den Umgang des

Schauspielers damit: Es scheint, dass, seitdem Austin und Searle fiktionale Rede als 'parasitär' (Austin 1972, S.43f) bezeichnet haben, kaum ein Sprachwissenschaftler den Mut oder das Interesse entwickelt hat, die weitreichende Problematik fiktionaler Rede in der Aufführung dramatische Texte und deren Auswirkung auf die Wirklichkeit zu untersuchen. Dabei wurde schon sehr früh festgestellt, dass »[...] für das Drama in besonderem Maße [gilt], dass es zum Paradigma jenes Teilbereichs werden kann, der als Sprechhandlungstheorie erst seit jüngster Zeit allmählich Gestalt gewinnt.« (Stierle, K. Poetica 8, 1976, S.324). Semiotische, phänomenologische und sprachphilosophische Untersuchungen rotieren mehr um den Fiktionsbegriff als solchen und leisten damit einen wertvollen aber geringen Beitrag zu sprechakttheoretischen Fragestellungen. Selbst interdisziplinäre Forschungsansätze, die sich geradezu aufdrängen, wurden nur Anfang der achtziger Jahre, und fast ausschließlich im Rahmen universitärer Forschungen der Kölner Universität, durchgeführt.[2]

> »Trotz des offensichtlichen Zusammenhangs von sprechakt- und dramentheoretischem Forschungsinteresse ist der literaturwissenschaftliche Rekurs auf vorliegende Entwürfe der linguistischen Pragmatik spärlich.« (Schmachtenberg 1982, S.3)

Schmachtenbergs (1982) und Cornelissens (1985) Arbeiten[3] aus den achtziger Jahren und vereinzelte Aufsätze aus den neunziger Jahren (Beyer 1994); (Kiel 1992) beziehen sich auf den dramatischen Text als Untersuchungsobjekt und nicht auf die Aufführung und den in ihr stattfindenden Dialog. Dieses Manko an Grundlagenforschung zum fiktiven Dialog macht es nötig, im

---

[2] Frühere Untersuchungen, wie die von Eckehard Kendziorra (1976 „Sequenzierung von Sprechakten") greifen zwar auf Dramentexte zurück, rekurrieren aber nicht auf die spezifische Problematik der Aufführung der Dramenliteratur.

[3] cf. Mey 1993, S.154-172.

Rahmen dieser Arbeit ein Modell zu entwickeln, dass der fiktionalen Rede in der Aufführung des dramatischen Textes eine Wirklichkeitsebene zuordnet, auf der verantwortungsvolles Sprachhandeln - d.h. mit vollem Bewußtsein perlokutionärer Effekte - auf der Bühne untersucht werden kann. Es wird also zu beweisen sein, dass der dramatische Dialog nicht als Nacherzählung zu verstehen ist, wie es etwa ein Zitat oder eine Rezitation wäre.[4] Erst auf dieser Basis ist die Auswertung dialogischer Fehlleistungen der Schauspieler möglich und interessant. Denn wenn sprachliches Handeln auf der Bühne dem der realen Kommunikationssituation gleicht, muß gefragt werden, wie es kommt, dass auf der Bühne ganz andere Fehlleistungen entstehen, als in der normalen Kommunikation.

In der Wirklichkeit des Sprechens stottern wir oder suchen mal länger, mal kürzer nach dem „passenden Wort" - teilweise verdrehen wir in der Alltagskommunikation den Satzaufbau sogar so, dass dessen syntaktische oder grammatikalische Eigenschaften konträr zum Regelwerk der Sprache verlaufen.

Diese Dinge geschehen auch auf der Bühne, aber darüber hinaus noch viel mehr. Zur Erstellung einer empirischen Grundlage der vorliegenden Arbeit wurden diesbezüglich Interviews mit einzelnen Schauspielern geführt. Zum einen soll verdeutlicht werden, dass es seit langer Zeit eine Schauspieltheorie gibt, die vergleichbar mit den Annahmen der Sprechakttheorie arbeitet und zum anderen, dass die Zusammenführung dieser Verstehensansätze zu einer erfolgreicheren Lernmethode für fiktives Sprechen werden kann.

---

[4] Bereits Goethe setzte sich mit der Problematik der Unterscheidung zwischen Deklamieren und Rezitieren auseinander. »Im Theater wird weder deklamiert noch

8

»Zur Selbständigkeit der Arbeit des Schauspielers hat die Emanzipation der Schauspielkunst von der Vortragskunst zu Beginn dieses Jahrhunderts im Zuge des Strebens nach realitätsnaher Darstellung beigetragen. Es gehört zu den Voraussetzungen für das schauspielerische Kunstschaffen, eine persönliche Aussage mit der Rolle zu formulieren, indem der Schauspieler den Text nicht nur illustriert, sondern aus der Vorlage etwas Eigenes und Neues hervorbringt.« (Arendts 1994, S.14)

So muß sich dieser Einleitung eine Sensibilisierung des Problemfeldes anschließen, die die verschiedenen Untersuchungsmöglichkeiten aufzeigt. Deutlich wird, dass diesem Problem ein einzelwissenschaftlicher Ansatz nicht gerecht werden kann. Deshalb schließt sich im dritten Kapitel die notwendige Zusammenführung der Schauspieltheorie Stanislawskis mit der Sprechakttheorie Searles an. Das für diese Arbeit grundlegende Untersuchungsmodell ergibt sich aus deren Verknüpfung auf Basis des Verständnisses dessen, was sprachliches Handeln ist.

»Der Naturalismus auf dem Theater Anfang dieses Jahrhunderts und Stanislawskis Ausführungen zu den „physischen Handlungen" als Mittel der Rollenerarbeitung können als Ausgangspunkt der Auffassung der schauspielerischen Darstellung nicht mehr als „Rede", sondern als „Handlung" angesehen werden.« (Arendts 1994, S.51)

Klar herauszustellen ist, dass ´Reproduzieren´ eines Sprechaktes hier nicht selbst als sprachliche Handlung verstanden wird, sondern nur als Synonym für die Art und Weise der Textwiedergabe innerhalb der Theateraufführung des dramatischen Textes. Inwiefern ein Sprechakt ´Reproduzieren´ angenommen

---

zitiert, es wird gesprochen - »je natürlicher, desto besser, bei Gelegenheit sogar sehr kunstvoll natürlich.« (Goethe zit. nach Drews 1961, S.43)

werden muß, wird in den Kapiteln 3.1.1 und 3.1.2 beantwortet.[5] Die Neuartigkeit des Untersuchungsgegenstandes bringt es im weiteren mit sich, dass beschreibungssprachliche Lücken bestehen.[6] Die im Rahmen dieser Arbeit eingeführten Begriffe dienen dem schnellen und klaren Kontrastieren und Erläutern der zusammengeführten Modelle. Zum einen müssen die Wirklichkeitsebenen differenziert werden. Dabei wird unterschieden zwischen der

> Wirklichkeit$_{real}$ (das, was aufgrund subjektiven und kollektiven Erlebens in der realen Welt benannt wird) und der
> Wirklichkeit$_{drama}$ (die Wirklichkeit innerhalb der aufgeführten dramatischen Welt, in die sich der Darsteller begibt).[7]

Zum anderen soll der schauspielmethodische Vorgang der Identifikation mit der Wirklichkeit$_{drama}$ als 'Ver-Wirklichung' des dramatischen situativen Kontextes verstanden werden. Bei der Verschriftlichung des sprechakttheoretischen Modells werden die anerkannten Begriffszuordnungen ÄUS für den Äußerungsakt, ILLOK für den illokutionären Akt und PERLOK für den perlokutionären Akt verwendet. Die Beispielsprechakte werden in Großbuchstaben dargestellt, um den Unterschied in der Sprachebene zu verdeutlichen. Im weiteren wird unterschieden zwischen SAT$_A$, dem

---

[5] »Drei Hamlet-Darsteller spielten drei verschiedene Hamlets. Darum sei reproduktiv nur der Schauspieler, der einen Kollegen kopiere.« (Drews 1961, S. 54)

[6] »Der Handlungsbegriff ist, wie das bei wissenschaftlichen Begriffen von einigem Belang üblich ist, ein kontroverser Begriff.« (Weinrich 1976, S. 26).Im folgenden werden die Begriffe „Sprechakt", „Sprechhandlung" und „sprachliche Handlung" gleichbedeutend gebraucht.

[7] 'Realität' wird in diesem Zusammenhang, ungeachtet der philosophischen Problematik dieser Position, als die dem Erleben vorausliegende, subjektunabhängige Welt verstanden.

authentischem Sprechakt der Wirklichkeit$_{real}$ und SAT$_D$, dem dramatischem Sprechakt der Wirklichkeit$_{drama}$.[8]

Die zentrale These der besagt, dass Fehlleistungen bei der Textreproduktion auf der Theaterbühne vorgebeugt werden kann, wenn man bzgl. der Ausbildung von Schauspielern anerkennt, dass aus der Sprechakttheorie - erweitert um theaterspezifische Aspekte des Stanislawski-System - ein neues Modell entstehen kann. Dieses Modell ermöglicht eine sprechakttheoretische Bewertung schauspielerischen Umgangs mit Dramen-texten und steht dementsprechend als Medium für deren Analyse wie auch für die Eliminierung von Reproduktionsfehlern zur Verfügung. Dies kann jedoch nur unter dem Basistheorem des naturalistischen Theaters fruchten, welches von einer durch das Stanislawski-System ermöglichten Austauschbarkeit der Wirklichkeit$_{real}$ und der Wirklichkeit$_{drama}$ ausgeht. Nur unter dieser Voraus-setzung wird es legitim und wichtig, Textreproduktion auf der Bühne als tatsächliches reproduzieren von Sprechakten zu fassen.

Vor dem Hintergrund des entwickelten Modells werden paradigmatisch einige Fehlleistungen analysiert. Ziel der Analyse ist es, zu verdeutlichen, dass eine methodisch einwandfreie Umgangsweise, wie die der Sprechakttheorie erweitert um theaterspezifische Begrifflichkeiten des Stanislawski-Systems, diesen Fehlleistungen vorbeugen kann.

---

[8] Die Verwendung von fiktional und fiktiv folgt Klemms Ausführungen (Klemm 1984).

2. Gedächtnis und Lernen

Die interdisziplinären Untersuchungen von Schmachtenberg (1982) und Cornelissen (1985) setzen sich zwar mit der Anwendbarkeit sprechakttheoretischer Modelle auf die Untersuchung literarischer Texte auseinander; sie beziehen aber den Schauspieler, der die Intention dramatischer Texte durch deren Aufführung erst erfüllt, nicht ein.[9] Herta Arendts´ Werk (1994) setzt sich verstärkt mit dem Problembereich *Text/Gedächtnis* auseinander. Ihren Aussagen fehlt jedoch der linguistische Blickwinkel, um vollständig in diese Arbeit eingehen zu können. Diese Beispiele verdeutlichen, was sich während der Literaturrecherche zu der vorliegenden Arbeit sehr klar zeigte. Der hier thematisierte Aspekt, Fehlleistungen vor dem Hintergrund lernmethodischer Schwächen am Paradigma des Schauspielers zu untersuchen, existiert in der Forschung bislang anscheinend nicht. Darüber hinaus mangelt es an Interesse für eine direkte Anwendung sprechakttheoretischer Modelle in dieser besonderen Kommunikationssituation, da auch hier keine Arbeiten vorliegen. Interdisziplinäre Anleihen müssen gemacht werden, um das sprachwissenschaftliche Augenmerk auf dieses wichtige und ergiebige Feld zu lenken, dessen Forschungsergebnisse Einfluß haben können auf das Verständnis von und den Umgang mit textgebundenen Redesituationen. Vor einer Untersuchung des

---

[9] Gumbrecht verweist in seinem Beitrag zu den „Bochumer Diskussionen" (1975) auf das bis dahin existierende Problem der Literaturwissenschaft : »Wahrscheinlich ist das Thema der ´Einheit der Handlung´ deshalb gerade in bezug auf das Drama und nicht etwa im Rahmen der Romantheorie zu einem poetologischen Hauptproblem geworden, weil dem Dramenautor nicht die Möglichkeit offensteht, die Texteinheit und das Profil der Handlung durch auktoriale Kommentare, Resümees, Beschreibungen - auf anderen Ebenen als derjenigen der (erfundenen) Sprachhandlungen seiner Protagonisten - zu sichern und zu pointieren.« (Gumbrecht 1976, S. 346)

spezifischen Gegenstandes dieser Arbeit muß also zunächst ein Überblick über die in der weiteren Auseinandersetzung zu beteiligenden Disziplinen erarbeitet werden.

2.1 Konzepte, Modelle, Theorien

Mehr als in der Linguistik wird in anderen Disziplinen das Phänomen des menschlichen Gedächtnisses im Zusammenhang mit Sprache und Text durchleuchtet. Viele mit sprachlichem Handeln verbundene Aspekte, z.b. die Intention des Sprechers, die Fiktionalität von Aussagen usw. werden unter differierenden Zielsetzungen thematisiert, um menschliches Handeln zu klassifizieren. Die Schnittmengen der Interessenüberlagerungen sind gerade bei den sogenannten „Bindestrichdisziplinen" groß, die durch ihre Blickwinkelerweiterung einen Schritt voraus sind. Multiwissenschaftliche Forschungsansätze ermöglichen eine komplexere Sichtweise und füllen dadurch Leerstellen, die in den einzelwissenschaftlichen Arbeiten bestehen.

2.1.1 Psychologische Ansätze

Die psychologischen Disziplinen, die seit Ebbinghaus´ anfänglichen Untersuchungen[10] gegen Ende des 19. Jahrhunderts immer neue Modelle entwickelt haben, beschäftigen sich traditionell mit dem Gedächtnis. Vergessen und Behalten werden dabei als psychologische Einheit angesehen (cf. Arendts

---

[10]Das Ebbinghaus-Gesetz besagt, dass die Vergrößerung des Lernmaterials eine »überproportionale Steigerung der Lernzeit notwendig macht« (Arnold (Hrsg.) 1977, S. 422) (cf. Arendts 1994, A-34).

1994, A 2.7). Das Gedächtnis wird nicht als Speicher verstanden, in den Erfahrungen wahllos aufgenommen werden (Schönpflug 1986, S.8); vielmehr geht man davon aus, dass es einen eigenen Prozeß der 'Einspeicherung' gibt, der die Voraussetzung schafft, die Information anschließend wieder 'auszulesen'. Dabei wird das Lernmaterial umgestaltet, es wird neu kodiert.

Herta Arendts (1994) schreibt, dass selbst in der modernen kognitiv bzw. semantisch orientierten Psychologie das Auswendiglernen von sinnvollem Lernmaterial, wie eben z.b. Texten, bisher nicht im wissenschaftlichen Interessenfeld liege. Ihre Arbeit setzt genau an diesem Punkt an.

»[...] unter dem „Gedächtnis" des Schauspielers werden in dieser Arbeit nicht nur das Einprägen des Textes und die Wiederaufnahme des Gelernten verstanden, sondern auch die Erinnerungs-Vorstellungen, die sich bei der Arbeit am Text und im Verlauf der Proben einstellen, sowie deren Wiederholung in der Darstellung.« (Arendts 1994, S. 1)

Im Rahmen des psychologischen Umgangs mit dem Gedächtnis kommt der Gedächtnispsychologie eo ipso eine exponierte Stellung zu. Sie hat ihren Ursprung in der aristotelischen Mnemotechnik, und wird heute in engen Zusammenhang mit der „kognitive Wende" in der Psychologie gebracht (cf. Arendts 1994, S.32ff, und Hoffman/Senter „Recent history of psychology: Mnemonic techniques and the psycholinguistic revolution". In: Psychological Record, 28/1978, S.5f). In der modernen Gedächtnispsychologie wird davon ausgegangen, dass prinzipiell alles einmal Aufgenommene auch im Gedächtnis-system repräsentiert und die Frage, ob und inwieweit auf Gedächtnisinhalte zugegriffen werden kann, eine Frage der Art des 'Zugriffs' ist.

»Konzepte der neueren - kognitiven - Lern- und Gedächtnispsychologie wurden in den letzten Jahren von Kontext-Erscheinungen von Erleben und

Lernen auf die Erfassung von Gefühlen und Stimmungen ausgedehnt. « (Arendts 1994, S. 3)

Untersucht werden sogenannte „Gedächtnisspuren". Sie sind die Ergebnisse von Interaktionsprozessen zwischen der äußeren Welt und der gedächtnismäßigen Repräsentation dieser Welt im kognitiven System. Die Besonderheiten der Situation, der situative Kontext, gehen ebenfalls in diese Spuren ein. Gedächtnismäßige Textverarbeitung wird in diesem Zusammenhang als Interaktion zwischen Text und Leser verstanden; Merkmale des Textes verknüpfen sich mit dem Vorwissen des Lesers.

In der Geschichte der Gedächtnispsychologie haben sich strukturalistische, funktionale und strukturell-funktionale Theorien herausgebildet. Die Strukturalisten sehen das Behalten als von den Eigenschaften der Speicher abhängig (Atkinson). Funktionalistische Ansätze verstehen das Behalten als eine Funktion von Prozessen (Craik und Lockhart). Für die strukturell-funktionale Forschungsrichtung, in der u.a. Johannes Engelkamp anzusiedeln ist, sind beide Ansätze interessant. Die Struktur ist jedoch nur insofern wichtig, als nach Systemen, nicht nach Typen von Speichern geforscht wird. Engelkamp, dessen Zuordnung zu psycholinguistischen Forschungen ebenso richtig wäre, setzt sich intensiv mit dem positiven Einfluß »motorischer Proze[sse] bei der Erklärung von Behalten« auseinander (Engelkamp 1990, S.XV). Die nicht-sprachliche Informationsverarbeitung geht dabei der sprachlichen voraus (Engelkamp 1990, S.15). In diesem Sinne werden motorisches und kognitives Lernen getrennt betrachtet. Während die erste Ebene eher das alltagssprachliche Bewegungsgedächtnis impliziert, muß der zweiten zum einen ein optisches, emotionales und musikalisches Gedächtnis, zum anderen das Verstehen von Sprache, Geschichten und Wissenschaft zugeordnet werden.

Gedächtnistests beschäftigen sich u.a. mit den Aufnahmeprozessen, die beim Behalten sinnloser Wortfolgen ablaufen. Herausgefunden wurde dabei, dass syntaktische Relationen nicht semantikfrei aufgenommen werden können (Engelkamp 1983, S. 69f). Das syntaktische Wissen trägt zur Speicherung bei, da es zu den »behaltenserleichternden« (Engelkamp 1983, S. 58) Strukturen in Beziehung steht.[11] Zu unterscheiden wäre im weiteren der Ansatz der englischen Assoziationslehre, die in Locke und Hume ihre Wurzeln hat. Sie erforschte das *'verbal learning'* - Lernen von Gewohnheiten und Auswendiglernen -, während das sinngemäße Lernen Gegenstand der kognitiven Psychologie ist. Letztere betrachtet Textverarbeitung als Einordnung der neuen Information in vorhandene Wissensschemata (cf. Bower, G.H. u.a. 1979). Engelkamp sieht den Stand der Gedächtnistheorie als noch sehr unausgereift an. Der Vielfalt der Gedächtnisphänomene gerecht zu werden, bedarf es seiner Meinung nach

---

[11]Des weiteren gehen strukturell-funktionale Forscher von einem Episodengedächtnis aus, dessen Leistungen abhängen vom jeweiligen System, das an der *Enkodierung* und am *Retrieval* beteiligt ist. So fungieren Attribute der Lernsituation als *Cues* in der Reproduktionssituation. Zusätzlich zum episodischen Gedächtnis wird auch ein semantisches angenommen (Tulving). Es klassifiziert nach der Art der gespeicherten Information. Neben diesen Ansätzen existieren Unterscheidungskriterien, die Gedächtnissysteme nach der Art der beteiligten Prozesse oder der Behaltensdauer unterscheiden, sowie weitere Theorien, wie die des »dualen Kodes« (Anderson und Bower) oder die multimodale Gedächtnistheorie (Bredenkamp/Wippich). Ihr zufolge soll die »Textbasis [...] das Endprodukt einer Reihe von Analyseprozessen sein, die der Rezipient einsetzt, um Texte zu verstehen und im Gedächtnis zu verankern.« (Bredenkamp/Wippich 1977, S.142).

komplexer Theoriegebilde, die sich zur Zeit noch im Stadium der elementaren Konstrukte befinden.[12]

Freuds Psychoanalyse, eigentlich *die* klassische Gedächtnistheorie, hat die Unterscheidung eingeführt zwischen den Inhalten, die dem Bewußtsein zugänglich sind, und jenen, die auf alltägliches Handeln entscheidenden Einfluß haben, dabei aber unserem Bewußtsein unzugänglich sind.[13] In den 70er Jahren erlebten die Psychoanalyse und ihre angrenzenden Bereiche eine Popularisierung. Das Psychodrama, in dem die selbstenthüllenden Äußerungen der Teilnehmer durch der Wirklichkeit entlehnten Situationen stimuliert werden sollen, fand eine weite Verbreitung und sorgte somit zwischenzeitlich für eine populärwissenschaftliche Auseinandersetzung mit ´vorgegebenen´ Situationen.

Die Gehirn- oder Neurophysiologie mit ihrem bekanntesten Vertreter John Eccles spricht schlicht von der »Fähigkeit zu lernen und das Gelernte im Gedächtnisprozeß wieder hervorzuholen« (Eccles 1984, S.167). Zielsetzung dieser Forschungsrichtung ist, das Gedächtnis zu lokalisieren - beim Menschen

---

[12]Als Unterdisziplin der Gedächtnispsychologie etablierte sich die Skriptforschung, vertreten durch Bartlett und Ebbinghaus. Sie setzt sich mit dem Behalten, Lernen und Wiederverwenden wiederkehrender Wissensstrukturen, sog. Schemata, auseinander. Skripts, eine spezielle Klasse von Schemata, werden auf „bestimmte, häufig erfahrene und stereotyp ablaufende Ergebnisse" (Vaterrodt 1992, S.1) hin untersucht. Ein Ergebnis ist, dass atypische Informationen besser erinnert werden als typische. Als bedeutend erwies sich auch die Frage, wie Personen sich an Geschichten erinnern, die „mit ihrem kulturellen Schema schwer verträglich sind" (Vaterrodt 1992, S.7). Im Ziel des Interesses stehen allerdings nicht linguistische Fragestellungen nach Art der erinnerten Syntagmen o.ä., sondern die Gedächtnisleistung vor kulturellem oder soziokulturellem Hintergrund.

[13]Die Freudsche Interpretation von Fehlleistungen, der „Freudschen Versprecher", wird als bekannt vorausgesetzt.

wie beim Tier - und mit naturwissenschaftlichen Mitteln nachzuvollziehen, wie die Speicherung von Gedächtnisinhalten vor sich geht.

2.1.2 Natur- und populärwissenschaftliche Ansätze

Medizin und Biologie setzen sich einseitig mit den naturwissenschaftlichen Aspekten von *Text/Gedächtnis* auseinander und finden somit in dieser Arbeit keine Berücksichtigung.

Populärwissenschaftliche Veröffentlichungen in Buch und Film verbinden Ergebnisse aus verschiedenen Forschungsbereichen. Ratgeber zur Verbesserung schulischen Lernens, zum Superlearning oder „How to..." Bücher zur Bekämpfung der Vergeßlichkeit werden angeboten, deren wissenschaftlicher Stellenwert zugunsten allgemeiner Verständlichkeit geopfert wird.[14] Exemplarisch sei auf die einleitenden Worte zu Vesters Buch „Denken, Lernen, Vergessen" verwiesen.

> »Frederic Vester zeigt auf seiner Kreuzfahrt durch das menschliche Gehirn eine völlig neue Richtung der Gehirnforschung: die Biologie der Lernvorgänge. Auf eine sehr klare und anschauliche Art führt er den Nachweis, dass alle Mühe umsonst ist, wenn man beim Lehren und bei Lernen gegen die biologischen Grundsätze verstößt - Gehirnforschung, wie sie jeden angeht.« (Vester 1997, S.1)

Einige dieser Lern- und Motivationshilfen berufen sich auf die von Quintilian als Gegenstück zur Mnemotechnik entworfene Unterstützung des natürlichen Gedächtnisses. Im Vordergrund steht dabei zumeist sinngemäßes Lernen als Gegenstück zum wörtlichen Auswendiglernen. Es finden sich

---

[14]Arendts gibt eine aufschlußreiche Aufzählung der Zielsetzungen populären Gedächtnisliteratur (Arendts 1992, S. 26).

schlicht gehaltene Definitionen von Gedächtnisformen (Vester 1997, Kapitel II) und Fragebögen zur Selbsteinschätzung des Lernverhaltens (Vester 1997, Anhang).Viele der bei Arendts aufgeführten Titel thematisieren das Gedächtnistraining oder die "Effektivierung" des in der Regel nur gering - zu 35% - ausgelasteten menschlichen Organs. In ihnen werden Ratschläge zur täglichen Steigerung der Gedächtnisleistung vermischt mit wissenschaftlichen Banalitäten, die eventuell fehlende Seriosität kaschieren sollen. Obwohl Trainingsmethoden wie das sog. *Superlearning* inzwischen weit verbreitet sind, beinhalten sie keineswegs wissenschaftliche Erkenntnisse, die über den Bereich des Alltagswissens - Schule und Beruf, Managertraining - hinaus relevant bzw. weiterführend wären.

2.1.3 Linguistische Bindestrichdisziplinen

»Natürlich ist die Feststellung, dass Linguistik und Psychologie durch ihren Gegenstand in enger Beziehung zueinander stehen, keineswegs neu, und die Art, in der dieser Tatsache Rechnung getragen worden ist, hat in der Geschichte beider Disziplinen beträchtliche Wandlungen durchlaufen.« (Bierwisch 1983, S. 15)

In der kognitiven Linguistik werden zwei autonome kognitive Systeme unterschieden: das linguistische System, das die Situation sprachlich faßt, und das konzeptuelle System, welches die Situation begrifflich einordnet. Die semantische Repräsentation von Sprache gehört zum linguistischen System, zur Grammatik. Sie wird durch das konzeptuelle System bei der Entstehung der Äußerungsbedeutung an die konzeptuellen Prinzipien angepaßt. Neben der Psycholinguistik, die eingehender beschrieben wird, existieren weitere gemeinsame Forschungsansätze, wie die Soziolinguistik und die Neurolinguistik.

Die Soziolinguistik räumt der Empirie einen hohen Stellenwert ein. Untersucht werden u.a. die Fähigkeit zwischen verschiedenen Sprachebenen zu wechseln, wobei die soziale Schicht oder Klasse ebenso eine Rolle spielt wie die Untersuchung sprachlicher Varietäten (Bernstein/Labov). Die Soziolinguistik versteht Sprache als Ausdruck gesellschaftlicher Strukturen.

Die Psycholinguistik, wie sie z.B. durch den experimentellen Psychologen Engelkamp repräsentiert wird, ist ein fachübergreifendes Forschungsgebiet, das sich mit den Prozessen der Sprachproduktion, des Sprachverstehens und des Spracherwerbs befaßt. Seit Ende des 19. Jahrhunderts existiert das Interesse der Psychologie an linguistischen Fragestellungen (Steinthal, Wundt, Bühler). 1953 fanden konstituierende Seminare am Linguistik-Institut der Indiana University statt, die den Forschungsbereich konzeptuell abgrenzten (cf. Osgood/Seboek 1954). Ziel war und ist es, die linguistisch dargestellten Sprachstrukturen mit Hilfe der experimentellen Psychologie zu untersuchen und herauszuarbeiten, mit welchen Strategien »der Sprachbenutzer das zu verarbeitende Material mit den verarbeitungstechnischen Gegebenheiten in Einklang bringen kann« (Berg 1988, S.3). Im Fortlauf dieser Auseinandersetzung bildeten sich zwei Forschungsrichtungen heraus: auf der einen Seite die an neueren linguistischen Theorien, wie der generativen Tranformationsgrammatik, orientierte Position. Ihr Modell enthält das Verständnis von Grammatik als autonomes kognitives System und befaßt sich u.a. mit dem Nachweis der psychischen Realität linguistischer Konstrukte. Auf der anderen Seite konstituierte sich eine Position, die sich stärker an Modellen der kognitiven Psychologie orientierte. Ihr Untersuchungsgegenstand war und ist der Austausch zwischen verschiedenen angenommenen Beschreibungsebenen, die eine parallele Bewältigung von Informationen in stark konnektierten Systemen annehmen.

Die *heutige Psycholinguistik* kann in drei Hauptgebiete unterteilt werden. Die *Spracherwerbsforschung* setzt sich mit der Frage auseinander, wie Sprache erworben wird. Ziel sind Aussagen über die Gesetzmäßigkeiten des Aufbaus des Sprachwissens. Die *Sprachwissensforschung* sucht nach Erklärungen für die Speicherung des Sprachwissens im Gedächtnis sowie für die Vernetzung der verschiedenen Wissensbestände. Wie kommt der Zugriff auf die Wortbedeutung zustande und wie ist sie psychisch repräsentiert? Ausgehend von lexikalischen Wissen wird anhand der generativen Grammatik zwischen Ober-flächen- und Tiefenstruktur unterschieden. Wenn z.B., so die Annahme, aktive und passive Sätze aus der gleichen Tiefenstruktur abgeleitet seien, müßten die meisten Passivsätze eine größere Anzahl Informationen durchlaufen und somit schwerer zu verstehen sein. Engelkamp hat dies anhand seiner Forschungen widerlegt - allerdings nur im Bezug auf das Verstehen solcher Sätze. Die *Sprachprozeßforschung* schließlich interessiert sich für die Produktionsprozesse, die dem Sprachgebrauch, Hören, Lesen, Schreiben, Sprechen zugrunde liegen und will herausarbeiten, wie sprachliches und nichtsprachliches Wissen zusammenarbeiten. Jean Aitchison hat in ihrem 1987 erschienenen Buch "Words in the mind - An introduction to the mental lexikon" einen sehr präzisen Fragenkatalog aufgestellt und zu beantworten versucht.

»How are words stored in the mind? How do people find the words they want when they speak? Do children remember words in the same way as adults?, and so on. This is the topic of this book. It will primarily consider how we store words in our mind, and how we retrieve them from this store when we need them.« (Aitchison 1987, S.4)

Das Vorgehen im Entdecken der Zusammenhänge des ´mental lexicons´ basiert auf der Idee, dass die Worte in unserem Gedächtnis bereits auf bestimmte Weise strukturiert sind. Einerseits sei dies durch die große Menge der aktiv benutzten Wörter, andererseits durch die Geschwindigkeit des Abrufs zu begründen (ebda, S.7). Trotz der erkannten Struktur des menschlichen Lexikons ist es nicht zu vergleichen mit einem geschriebenen Lexikon. Dies kann, bezogen auf Sprechfehler nicht sein, denn dann würde ja der alphabetisch naheliegende und nicht der inhaltlich nahe Eintrag abgerufen werden. Auch Robert Müller tritt für eine Verknüpfung linguistischer Forschungen und psychologischer Herangehensweisen ein; er sieht erst in dieser Allianz eine sinnvolle gegenseitige Überprüfung der rationalistisch, logisch arbeitenden Semantik und der empirisch arbeitenden Psychologie.

22

2.1.4 Theaterwissenschaftliche Ansätze

Im Bereich der Theaterwissenschaft setzten sich die Theatertheorien mit dem Spannungsfeld zwischen den Schauspielern und deren Gedächtnisleistungen beim Textlernen auseinander. Allerdings sind die verschiedenen Ansätze theoretisch und gewichtungstechnisch sehr unterschiedlich und in der Terminologie sehr uneinheitlich. Auch die wissenschaftlichen Ansätze zur Spieltheorie[15] sind bis jetzt ohne großen Einfluß geblieben. Der mögliche Grund: die Spieltheoretiker unterscheiden nicht oder nicht präzise genug zwischen Ausdruck und Darstellung bzw. Gestaltung. Sie übersehen, dass es sich bei der Schauspielkunst um eine kalkulierte und kontrollierte Rollendarstellung handelt und dass die Kinder-, Tier- und Glücksspiele, mit denen sich Spieltheorien befassen, nicht nach künstlerischen Prinzipien gestaltet werden. Darüber hinaus ist der transitorische Charakter der Aufführung eine Erschwernis in der Beurteilung darstellerischer Arbeit.

»Es ist eine Binsenweisheit, dass die Analyse des Textes einer Aufführung größere Probleme aufwirft als die Interpretation des vom Autor vorgelegten Dramas. Die größere Schwierigkeit besteht zunächst darin, dass der Rezeption eines Bühnentextes wesentlich engere Grenzen gesetzt sind als der Auseinandersetzung mit einem schriftlich fixierten Text: Während letzter beliebig oft überprüft werden kann, zieht der instabile Bühnentext unaufhaltsam am Betrachter vorbei. Darüber hinaus ist der Text der Aufführung ungleich komplexer als der ihm zugrundeliegende Text des Autors. Er verfügt nicht nur über die breite Skala der nonverbalen Ausdrucksmittel, sondern ist außerdem durch vielfältige Interdependenzen zwischen diesen Ausdrucksmitteln und dem Worttext sowie durch die enge Wechselbeziehungen zwischen den verschiedenen

---

[15] Die Frage muß gestellt werden, ob nicht ganz besonders jede Art von Spiel neben dem Anerkennen der Regeln auch einen schnellen Übergang in die Wirklichkeitdrama fordert und fördert. Die Distanz, gerade bei Computersimulationen etc., wird immer effektiver minimiert, indem die Abbildung der Spielhintergründe und Spielfiguren realistischer und wirklicher gestaltet werden können.

Bestandteilen des non-verbalen Zeichensystems gekennzeichnet.« (Ahrends 1990, S.7)

So besteht die Leistung des Schauspielers in der Transformation einer dramatischen Figur, die im Text ein latentes, unfertiges Dasein fristet, in den dreidimensionalen Bedeutungsraum der Bühne. Für den Schauspieler ist die literarisch fixierte Rolle Rohstoff für die Komposition einer Rolle mit verbalen und nonverbalen Mitteln, die nicht an Leser adressiert, sondern für die Kommunikation mit den Zuschauern bestimmt sind. Die Gedächtnisleistungen, die der Schauspieler innerhalb dieser Kommunikation vollbringt, werden allerdings nicht thematisiert. Wie sehr dabei über den Vorgang des Textlernens hinweggegangen wird, verdeutlicht folgendes Zitat:

>»Wenn das Publikum doch endlich einmal aufhören wollte, uns deswegen zu bewundern! Das Textlernen ist nicht von größerer Bedeutung als das Pinselreinigen und Farbereiben des Malers.« (Jahrbuch Deutsche Bühne 1917/18 zit. nach Arendts 1994, S.1)

Nonchalant wird hier ein wichtiger Teil darstellerischer Arbeit abgetan und die korrespondierenden Fehlleistungen als Kavaliersdelikte geschönt. Arendts bestätigt in ihren Ausführungen, dass die in Deutschland ausgebildeten Schauspieler nach wie vor nicht über Methoden des Textlernens reflektieren.

Die Diskussion von *Text/Gedächtnis* ist jedoch durchaus in der Schauspieltheorie zu finden. Die Überlegungen Strasbergs und Stanislawskis werden in späteren Kapiteln die notwendige Grundlage liefern, um die Fehlleistungen bei der wiederholenden Darstellung untersuchen zu können. Ihr geringer Bekanntheitsgrad unter deutschen Darstellern ist auf die Nichteinbeziehung der basalen Erkenntnisse Stanislawskis und seiner heute unterrichtenden Anhänger zurückzuführen. Die deutsche Theatertheorie setzt sich eher mit einer Mischung aus semiotischen Fragestellungen (Fischer-Lichte 1985) und verklärendem Historizismus (Simmel 1968) auseinander.

Deutlich wird, dass die vorgestellten Disziplinen aufgrund ihrer besonderen forschungsleitenden Fragen nur sehr eingeschränkt mit dem Bereich *Text/Gedächtnis* umgehen. Die Psychologie z.b. läßt in ihren Untersuchungen über das Lernen sinnloser Texteinheiten die ästhetische Komponente textueller Gestaltung völlig aus. Schauspieler, Redner, selbst Laiendarsteller sehen aber in der literarischen Qualität bereits einen Haltepunkt für Lernerfolge.

> »Wenn man ein Drama schreibt, also ich schreibe ja auch ein bißchen, dann kann ich mir vorstellen, das man versucht so zu schreiben, dass es relativ offen ist, wie man es betont. Das kann man sich natürlich als Dramatiker wahrscheinlich gar nicht erlauben, die Betonung so eng zu schreiben, dass sie so sein muß.[...], weil sonst würde man sich ja selber Fesseln anlegen. Deshalb wird man als Dramatiker so schreiben, dass es eine Möglichkeit gibt für Schauspieler, das zu interpretieren, sonst macht es ja keinen Sinn. Und das ist ja gerade das Spannende, dass man einen Satz auf viele verschiedene Betonungen sagen kann, dass sich da die Sachen ändern.« (Akteur C, S.2)

Mnemotechnische Ansätze zielen grundsätzlich auf eine kurzzeitige Speicherung von Wissen ab (Arendts 1994, A-7f) und können in ihrer Methodologie nicht für die lerntechnische Aufbereitung „großer Rollen" nutzbar gemacht werden. Linguistische Bindestrichdisziplinen werden der Komplexität des Themas *Text/Gedächtnis* eher gerecht. Ihre Interdisziplinarität ermöglicht die gleichzeitige Untersuchung verschiedenster Aspekte. Nicht zuletzt ist auch die vorliegende Arbeit eine Verbindung aus theater- und sprachwissenschaftlichen Modellen mit pragmatischem Schwerpunkt.

Die schleppende Rezeption russischer Schauspieldidaktik an deutschen Schauspielschulen kann ein Grund für die fehlende Auseinandersetzung mit den

Thema *Text/Gedächtnis* sein. Der Nutzen einer Applikation der russischen und amerikanischen Modelle wird im Verlauf der Arbeit verdeutlicht.

Die philosophische Auseinandersetzung kann aufgrund der z.t. sehr abstrahierenden Theoriebildung einer Erkenntnisfindung durchaus im Weg stehen. Die Notwendigkeit, erkenntnistheoretische Erklärungsmodelle z.b. von 'Fiktion' zu beleihen ergibt, sich aus der Tatsache, dass die sprechakttheoretische Forschung bisher wenig zu diesen Aspekten vorgelegt hat. Eine ergänzende Verbindung bestehender Erklärungsmodelle ist, gerade bei einer Neubearbeitung eines Themenkreises, eine wertvolle Hilfe bei der ersten Annäherung

2.2 Multidisziplinarität als „conditio sine qua non"

Der vorausgehende Überblick hat gezeigt, dass mehrere Perspektiven relevante Ergebnisse zu einem Thema beisteuern können. Vor dem Hintergrund der vorliegenden Fragestellung schließt sich an ein solches Panorama mit Recht die Frage nach den 'Schnittmengen der Forschungsinteressen' an. Auch die für diese Arbeit zentrale linguistische Pragmatik muß von ihrem Ursprung her gesehen werden als »Bereich, wo sich die Interessen von Sprachwissenschaft und Kommunikationstheorie überschneiden [...].« (Linke 1996, S.177). Die Sprechakttheorie kann gleichwohl in vielen Bereichen neue Ansätze des Problemverstehens liefern.

> »Dadurch [durch die Sprechakttheorie] kam sogar in solche Disziplinen wie Ethik und Religionsphilosophie etwas Bewegung; die Literaturwissenschaften hatten ohnehin schnell erkannt, dass ihre Texte Produkte von Text-

produktionshandlungen sind. Als schließlich auch noch die Psychologen und Pädagogen das Redehandeln entdeckten, war die Sprechakttheorie als neue Hilfswissenschaft für alle möglichen Disziplinen etabliert.« (Ulkan 1992, S. XIIf)[16]

Die breitgefächerte Rezeption der Sprechakttheorie verdeutlicht vor allem, dass die entstehenden multiwissenschaftlichen Ansätze sich durchaus gegenseitig befruchten. Ein hervorragendes Beispiel ist Schmachtenbergs Werk im Spannungsfeld zwischen Linguistik und Literaturwissenschaft; letztere hofft,

»durch eine 'Linguistisierung' der Literaturwissenschaft zu größerer deskriptiver Exaktheit und zu einer präziseren Terminologie zu gelangen« (Schmachtenberg 1982, S. 1). Umgekehrt können sich sprechakttheoretische Untersuchungen auf die durch die Literaturwissenschaft bereitgestellten literarischen Texte als Untersuchungsmaterial stützen.

Ein ähnlich bilaterales Verhältnis besteht - abgesehen von den in Kapitel 2.1.1 aufgeführten traditionell psycholinguistischen Forschungsfeldern - zwischen Linguistik und Psychologie. Die Untersuchung situativer Kontexte - des lokutionären Akts im Sinne Austins - und deren Einfluß auf sprachliches Handeln, steht in engem Zusammenhang mit den Vorgaben der semantischen Psychologie. Die subjektive Veränderung von Texten, deren kleinere Abweichungen (Interferenzen) und deren größere Abweichungen (Elaborationen) untersucht werden, läßt sich vor dem Hintergrund der individuellen Auswahl funktionsäquivalenter Sprechakte problematisieren. Gefragt werden kann u.a. nach der mentalen Organisation der Sprache. Denn diese »dürfte entscheidend von ihren strukturellen Eigenschaften und ihrer Funktion als Kommunikationsmittel abhängig sein. Auf jeden Fall sollte kein Zweifel daran bestehen, dass

---

[16] Searle sah diesem gesteigerten Interesse sehr skeptisch entgegen. »[...] I want to say that´s crazy. It´s almost a vulgarisation of the theory.« (Searle 1980a, S.17)

eine Konvergenz von psycholinguistischer und linguistischer Interpretation einer Theorie größere Glaubwürdigkeit verleiht, als wenn sie sich nur auf eine Forschungsrichtung stützt« (Berg 1988, S.3).

Die Gesprächs- oder Diskursanalyse befaßt sich ausschließlich mit der »Organisation von Gesprächen« (Levinson 1990, S.283). Ihr Material rekrutiert sich jedoch auch aus introspektiv gewonnenem Textmaterial, anhand dessen kohärente und nicht kohärente Diskurssequenzen unterschieden werden sollen. Sie rekurriert auf linguistische Methodik und bedient sich ihrer zur Klassifizierung. Damit steht sie in Opposition zur Konversationsanalyse, die sich nicht »voreiliger Theoriebildung« (Levinson 1990, S.286) bedient, sondern induktiv forscht. Als systematisch-empirischer Wissenschaftszweig rekrutiert sie ihr Datenmaterial aus Tonkonserven und Transkripten (Henne/Rehbock 1982 und Franke 1990). Untersucht werden die organisatorischen und strukturellen Aspekte des Kommunizierens.

Die fortlaufende Auseinandersetzung der beiden Ansätze ist nach wie vor sehr lebhaft. Abzugrenzen sind diese wiederum von der Sprechakttheorie, die vornehmlich monologische Kommunikation untersucht und damit die methodischen Grundlagen für die Gesprächsanalyse bereitstellt.

Abrundend seien folgende interdisziplinäre Ansätze genannt, die das Feld *Text/Gedächtnis* tangieren. Leischner berichtet in einem Aufsatz in den 'Akten des 25. Linguistischen Kolloquiums Paderborn' (1990) über aphatische Erkrankungen bei Künstlern und stellt eine sinnvolle Verbindung von linguistischen und medizinischen Interessen vor. Das Werk von Courtney (1990), verbindet Theaterpädagogik, kognitive Psychologie und sprachphilosophische Theorien. Er beschäftigt sich sehr genau mit dem Spannungsfeld zwischen Realität und Faktizität, ist dabei aber keine Anleitung oder Übersicht über den Wirklichkeitsgrad von Bühnenhandeln.[17]

Momentane Forschungsschwerpunkte sind an den Universitäten von Köln (Schmachtenberg und Cornelissen), Münster (Hundsnurscher, Rolf, Hindelang, Zillig et.al.) und vor allem in Cambridge (USA) (Clark, Cohen, Levinson) zu finden. Die notwendige Verbindung verschiedener Forschungszweige ist - besonders bei amerikanischen Ansätzen - offensichtlich. Clark verweist in „Using language" (1996) auf die notwendige Verbindung zu Sozialwissenschaften und Kognitionswissenschaften. In der Tradition dieses Denkens versucht auch die vorliegende Arbeit, einen Beitrag zur interdisziplinären Forschung zu leisten, mit einem ausgesprochenen Schwerpunkt in der Pragmatik.

2.3 Lernhilfen und ihre Anwendbarkeit

Wann immer die Wissenschaft sich mit Sprache auseinandersetzt, geht es vor allem um die Fragen nach Optimierung des Sprachstils, des Wortschatzes, des Lernens und Behaltens von Texten. Unterschieden wird dabei zwischen der Mnemotechnik - etymologisch zu verstehen als 'Behaltenstechnik' - im engeren Sinne, die den gelernten Stoff umgewandelt an ein strenges System der Reihenfolge bindet. Ihr gegenüber stehen die modernen, an mnemotechnische Methoden anknüpfenden Lerntheorien im weiteren Sinne, die sich vom umgangssprachlichen 'Eselsbrückenlernen' bis zu den spezifischen Theater-

---

[17] Zu nennen ist auch die Textlinguistik, die sich mit Konzepten wie „frame" bzw. eines inferentiellen Rahmens und „script" aus der kognitiven Psychologie

gedächtnissystemen (cf. Yates, 1990) und den technischen Hilfsmitteln, wie Diktaphone und Cuecards[18] erstrecken.

Da bereits in der Antike Theaterstücke aufgeführt wurden, gibt es seit dieser Zeit Probleme mit dem Lernen/Reproduzieren. Die Entwicklung der antiken Rhetorik aber ist in erster Linie auf die Anforderungen politischer Reden und Vorträge, Gerichtsreden oder gar Schauveranstaltungen, sogenannten Redeschlachten, zurückzuführen. Inzwischen wird die Effektivität der Mnemotechnik nicht nur durch populärwissenschaftliche Bücher, sondern auch durch psychologische Untersuchungen bescheinigt. Da mit Arendts´ Veröffentlichung (1994) bereits eine dezidierte Urbarmachung der Mnemotechnik für schauspielerische Lernfähigkeiten vorliegt, wird hier darauf verzichtet. Ihre Veranschaulichung der Hilfsmittel verdeutlicht, dass in der Schauspielausbildung generell keine methodischen Hilfestellungen zum Auswendiglernen gegeben werden. Besonders herausgestellt werden muß, dass Lernmethoden wie die Mnemotechnik an Schauspielschulen nicht vermittelt werden.

2.3.1 Antike Mnemotechnik - Moderne Mnemotechnik[19]

»Mnemotechnische Methoden zeichnen sich dadurch aus, dass sie sowohl das Lernen erleichtern und das Behalten sichern, als auch

---

auseinandersetzt und Kohärenzen bei mangelnder Kohäsion untersucht sowie Vernetzungsmuster zur Bildung von Kohärenz hinterfragt (Antos/Krings 1989).

[18] Als Cuecards werden große, meist handbeschriftete Karten bezeichnet, die Showmastern und Moderatoren, im Notfall auch Schauspielern, Stichwörter (Cues) für den Ablauf des Textes anzeigen.

[19] Auch wenn Aristoteles immer wieder als ursprünglicher Initiator der Mnemotechnik gefeiert wird, steht hinter dieser Lerntheorie die Geschichte des Simonides. (vgl. dazu Weinrich 1997, S. 21f) und Arendts 1994, S. 30

Reproduktionshilfen, im allgemeinen in Form von Bildvorstellungen, bereitstellen.« (Arendts 1994, S.6)

Im politischen und juristischen Alltag der Antike sind die freie Rede und der Vortrag unumgängliche Mittel zur Entscheidungsfindung. Für einen guten Vortrag sei ein systematisch arbeitendes Gedächtnis Grundvoraussetzung. Um ein meßbares Qualitätssystem der Vortragskunst zu Verfügung zu haben, wurde nach und nach eine normative Rhetorik entwickelt. Aristoteles, der den Rhetorikunterricht einführte, siedelte seine methodologischen Aussagen zwischen Wissenschaft und praktischer Routine an. Sie umfaßte fünf Schritte zur Redevorbereitung: *inventio* (das Finden des Redegegenstandes), *dispositio* (die Struktur der Rede), *elocutio* (der sprachliche Stil), *actio* (die Gestik und die Mimik) und *memoria* (das Einprägen). Der Kern der *memoria* ist die Transformation der Information und deren Organisation. Zur Vereinfachung eines strukturierten Lernens diente dabei die Mnemotechnik, eine Form der Verknüpfung von Struktur und Lerninhalten. Der erste Schritt dieser Technik ist das Festlegen sog. Orte (loci), an die die gelernten Informationen geknüpft werden. Traditionellerweise geschieht dies anhand einer Häuserreihe - möglich ist neben dem Verwenden der Häuser als ganzes auch der Aufbau des Hausinneren in einzelne Zimmer.[20] Das gewählte Schema wird dabei vor der Information gelernt. Die anschließende detaillierte Zuordnung der loci soll dem Lerner ermöglichen, bei der Reproduktion der Inhalte auch entgegen der ursprünglichen Abfolge verfahren zu können. An die Auswahl der loci schließt sich die Verwandlung der zu lernenden Information in ein sie stellvertretendes Bild an.

---

[20] Zu nennen ist auch die von ´loca et imagines´ Methode, in der die Anordnung der Häuser durch eine Gegend im Freien ausgetauscht wurde, sowie die von Arendts angeführte »Vergessens-Kunst« (Arendts 1994, A-8), die als Teil der Mnemotechnik galt.

Die assoziative Verknüpfung von Ort und Bild ergibt ein komplettes System, an dessen Aufbau der Redner sein Konzept entwickelt. Zu erwähnen bleibt, dass die Informationen nicht als Ganzes, also wörtlich, auswendig gelernt wird. Einzelne Stichpunkte werden in der Struktur festgehalten und während des Vortrags in freier Rede spontan ausformuliert. Darin erkannte Aristoteles Ziel und Nutzen der Mnemotechnik. Viele Informationen sind bereits nach einmaligem Verknüpfen gut eingeprägt; wiederholtes Lernen wird so nahezu überflüssig (cf. Aristoteles 1961, S.43).[21]

»Die bei der modernen Mnemotechnik genannten Beispiele sind weitgehend Hinweisen in den neueren Gedächtnis-Fibeln zur Anwendung einer einfachen Mnemotechnik entnommen und wurden gegenüber der antiken Mnemotechnik lediglich um das Verfahren der Verwendung äußerer Merkmale einer Person zum Namen-Behalten und das Zerlegen von Fremdwörtern in praktikable Teile [...] erweitert.« (Arendts 1994, S.26)

Im Lauf der Jahrhunderte wurde diese grundlegende Methodik verschiedenen Anwendungsfeldern angepaßt, also die ursprüngliche Mnemo-technik modernisiert.[22] Wie Arendts´ Zitat verdeutlicht, werden die aktuellen

---

[21]Die Verbindung zwischen Rhetorik und Schauspielkunst wurde bereits in der Antike geschlagen, da beide zum Handwerkszeug des Dichters gezählt wurden. Schon zu dieser Zeit setzten sich die Philosophen, wie Platon und Sokrates, mit der Hervorbringung von emotionalen Reaktionen, sog. »Elementarempfindungen« (Schadewaldt 1966, S. 31), auseinander. Die Wiedergabe des dramatischen Textes sollte in Verbindung mit diesen Empfindungen die kathartischen Reaktionen im Publikum auslösen. Daraus ergibt sich auch die Anerkennung der rhetorischen Disziplin und der durch sie aufgestellten Regeln seitens des Schauspielers. Er muß die vom Dichter intendierten Äußerungen in den durch die normative Rhetorik vorgegebenen Regelkontext einbetten. Dies geht natürlich nur, wenn der Akteur die gleichen stilistischen und rhetorischen Mittel anwendet wie der Dichter.
[22]Die Wichtigkeit der Mnemotechnik wurde dabei nie in Zweifel gezogen. Im abendländischen Bildungssystem wurde die ´memoria´ bis in die Neuzeit im Erziehungsunterricht vermittelt. Sie galt sogar vielfach als die Voraussetzung für das

Varianten antiker Gedächtniskunst in den bereits erörterten populärwissen-
schaftlichen Veröffentlichungen rezipiert. Im folgenden sollen die bekanntesten
knapp vorgestellt werden, um den Einblick in die weitläufige Auseinandersetzung mit dem Thema ′Text und Gedächtnis′ abzurunden:

Als erstes ist das sogenannte Merkwortsystem zu nennen. Hier werden
die gelernten Informationen mit von Zahlen abgeleiteten und in Bildsymbole
umgewandelte Bezeichnungen verbunden. In einem solchen System kann die
Zahl ′1′ durch einen Leuchtturm, die ′2′ durch eine Brille versinnbildlicht
werden. Diese Abwandlung der Mnemotechnik dient vielen Gedächtniskünstlern
zum Behalten vielstelliger Zahlenreihen.[23]. Die zugeordneten Symbole werden
dabei zu einer Geschichte verknüpft. Dem Merkwortsystem verwandt ist die
Zahlen- oder Buchstabenbilder-Methode, die zur Aufstellung eines Ordnungs-
systems mit Hilfe von Zahlen- oder Alphabetreihen durch formähnliche
Symbole ausgeht.

Auch bei der Kettenmethode fällt ein Gegenstand des ersten Bildes
sozusagen in das folgende Bild herein. Personen oder Dinge des vorherigen
Bildes interagieren quasi mit denen des folgenden. Die Organisationsstruktur der

---

Studium. Das Üben und Beherrschen der Gedächtniskunst galt als basaler Bestandteil des
Unterrichts - sie diente dem Auswendiglernen und Zitieren der schriftstellerischen und
philosophischen Texte.

[23]Christian Schmidt aus Laudenbach (D) memorierte anläßlich der Deutschen
Gedächtnismeisterschaft 1998 in Schwäbisch Hall 98 Wörter in 15 Minuten in der
richtigen Reihenfolge. In 28 Sek. multiplizierte Shakuntala Devi (Indien) zwei 13stellige
Zahlen, die am 18. Juni 1980 von einem Computer in London nach dem Zufallsprinzip
ausgewählt wurden. Die Rechenaufgabe lautete: 7 686 369 774 870 x 2 465 099 745 779.
Das korrekte Resultat: 18 947 668 177 995 426 462 773 730. 16 000 Abschnitte aus
buddhistischen Texten sagte im Mai 1974 Bhandanta Vicitsara in Yangon (Rangun),
Myanmar (Birma), aus dem Gedächtnis auf. Mehr als 15 000 Telefonnummern aus
Harbin konnte der 26 Jahre alte Chinese Gon Yangling wiederholen.

Erich Zenker (* 1929) aus Kiel (D) tritt als Gedächtniskünstler auf. Er merkt sich
die Vornamen von anwesenden Personen. Auch wenn die Leute anschließend ihre Plätze

Bilder wird aus dem Behaltensmaterial selbst gewonnen. Mit Ausnahme der Kettenmethode werden diese Gedächtnistechniken jedoch selten für die Vorbereitung von Redebeiträgen angewandt.

---

gewechselt haben, kann er sie mit dem richtigen Vornamen ansprechen. Sein Rekord: 501 Personen auf einer einzigen Veranstaltung. (Quelle: GuinessVerlag)

2.3.2 Psychologische Gedächtnishilfen

Die 'Eselsbrücke' ist in der Alltagssprache ein oft verwendeter Begriff. Die Psychologie definiert sie als den Gedächtnishilfen zugehörig, und zählt auch die Verbindung des Textes mit dem Textrhythmus hinzu. Die Verknüpfung birgt jedoch die Gefahr, dass der zugeordnete Rhythmus dauerhaft mit der gelernten Information verbunden wird. Ist diese Verbindung erst einmal hergestellt, behindert sie den natürlichen Umgang mit dem Text: »There is a human sound with verbal spontaneity. The words emerge differently each time but always have a proper meaning of the moment. The actor is not in a verbal trap.« (Manderino 1985, S.128).

Dieser Empfehlung wird die Gefahr des Eselsbrückenlernen gegenüber-gestellt. »The actor is caught in a verbal trap, knowing how the words are going to sound« (ebd.).[24] Im weiteren unterscheidet die Psychologie Gedächtnis-brücken (cf. Arendts 1994, S. 209). Vokal- und Konsonantenabfolgen werden in Relation gesetzt zu Wort und Satzverbindungen.[25] Die entstehenden Muster sollen anfangs der leichteren Einprägung dienen - in späteren Stadien der inhaltlichen Textrezeption kann dies allerdings sehr hinderlich werden. Zum Feld der Gedächtnisbrücken werden darüber hinaus Techniken gezählt, die sprachliche Information in Bilder, Zeichen oder Symbole umwandeln. Auch

---

[24] Cf. Rellstab (1992), S.90.

[25] Benutzerder CMC (Computer Mediated Communiaction) und des IRC (Internet Relay Chat) versuchen, Texte schneller als bisher zu lesen, zu schreiben und auch zu erinnern, indem sie neue Symbole oder Zeichenketten kreieren. Neben den sogenannten Emoticons (Emotion + Icon) wie „☺, ☹ oder ;-) " entsteht eine Akronymensprache (Beispiele: by the way wird zu *btw*, as a matter of fact wird zu AAMOF und as soon as possible wird zu ASAP. So entstehen ganze Satzakronyme als zeit-avantgardistische Abstraktionen der üblichen Schriftsprache. „AWGTHTGTTA" steht für „Are we going to have to go through this again". Als Wiedererkennung dient nunmehr das visuelle Gebilde oder der auditive Eindruck (Awegetehategetta).

Hilfsmittel wie Merkverse gehören in diese Kategorie, sind aber für schauspielerisches Textlernen nicht von Bedeutung.[26] Spezielle Methoden wie das *Mind Mapping* finden im Bereich der Präsentation im beruflichen Bereich großen Anklang. Die Assoziationspsychologie (cf. Wolff 1977) steuerte die Reproduktionsverfahren des *cued recall* und *free recall* bei. Ersteres steht z.b. für stichwortorientiertes Lernen, während letzteres als Verfahren, bei dem »es nicht auf die genaue Abfolge der reproduzierten Items ankommt« (Arendts 1994, A-25) zu verstehen ist. Abschließend sei das Lernen ohne Stimulus (Stichwort), das sogenannte *free recall*-Lernen angeführt. Der gelernte Text wird aus der Erinnerung aufgeschrieben - „im Kopf durchgegangen". Er kann dabei zur Kontrolle aufgezeichnet werden. Die Gefahren dieser Formen von Textlernen werden im Verlauf dieser Arbeit noch expliziter dargestellt.[27]

2.4 Gedächtnis und Schauspielerausbildung

„Mnemotechnik, ursprünglich Teil des antiken Regelsystems der Rhetorik und von daher wegen ihrer angeblichen Einschränkungen oft geschmäht, erweist sich heute [...] als Grundlage der von Aristoteles begründeten Assoziations-Psychologie und somit des „natürlichen" Gedächtnisses[...]." (Arendts 1994, S.2)

Für das schauspielerische Textlernen, das »charakterisiert ist als wörtliches Auswendiglernen mit dem Ziel der freien Reproduktion« (Arendts

---

[26] Quintilian (1987³) Anleitung zur Beredsamkeit, Buch XI, Fischer Verlag, S. 965ff)

[27] Die verkürzte Übersicht muß hier ausreichen. Vortrefflich zusammengestellt hat Arendts einen ausführlichen Abriß von Lerntechniken in ihrem Anhang (1994, A1-A58).

36

1994, S.205), kommen ´sinnvolle´ und ´sinnlose´ Textarten vor[28]. Im Rahmen dieser Arbeit ist das Interesse ausschließlich auf sinnvolle Texte als Vorlage zu Aufführung gerichtet. Die bis zu dreieinhalb Jahre dauernde Ausbildung der staatlichen und privaten Schauspielschulen Deutschlands bietet jedoch keinerlei Hilfestellung bei der Auswahl der Lernmethodik in Bezug auf die dramatischen Texte. Arendts präsentiert als Ergebnis ihrer Umfrage, dass der Lehrplan der Schulen darauf ausgerichtet ist, die Grundlagen für den Beruf durch Persönlichkeitsausbildung zu schaffen. Technik und theoretische Fächer kommen dabei an vielen Schulen zu kurz. Darüber hinaus wird theoretisches Wissen über differenziertere Fertigkeiten der Darstellung erst im Anschluß an die praktische Erfahrung im Umgang mit der Szene gegeben - diese Abfolge soll die Motivation erhöhen.

> »Denn mit dieser Verschiebung vom sprachlichen zum körperlich-sinnlichen Anteil der schauspielerischen Arbeit geht eine allgemeine Ablehnung von „Denken", Theorie und Technik einher, die als wenig verträglich mit dem derzeitigen schauspielpädagogischen Verständnis von künstlerisch-kreativen Prozessen gelten.« (Arendts 1994, S.2)

Erst in den 70er Jahren - initiiert durch die Studentenbewegung jener Zeit - wurde die Schauspielausbildung neu überdacht. Die 1974 gegründete ständige Konferenz der Schauspielschulen (SKS) hatte daran entscheidenden Anteil, u.a. auch durch die durchgeführten Symposien (cf. Arendts 1994, S.41). Im Rahmen der sich immer weiter fortentwickelnden Ausbildungsmethodik kommt Arendts allerdings zu folgenden Feststellung:

---

[28] Unterschieden werden muß zwischen an Alltagssprache angelehnten Boulevardkomödien, deren Sprechakte als ´sinnvoll´, weil handlungsorientiert im weiteren Sinn und z.B. dem Absurden Theater von Samuel Becket und Eugéne Ionesco, deren Sprechakte als ´sinnlos´, weil nicht auf das Voranbringen der szenischen Handlung ausgerichtet, anzusehen sind.

»Sofern Gedächtnisprobleme während der Projektarbeit nicht auftreten, besteht nach dieser Überzeugung kein Bedarf, anschließend über Gedächtnishilfen nachzudenken oder sie gar praktisch auszuprobieren. Auf diese Weise kommen Aussagen von Lehrern zustande, die Schüler stünden bei der Ausbildung noch nicht unter Streß durch Zeitdruck oder Versagensangst und deshalb seien sie für eine theoretische oder praktische Unterweisung in Textlern-Methoden nicht zu motivieren.« (Arendts 1994, S.43)

Diesen »absurden« (ebd., S.43) Aussagen stehen die Erlebnisse der Darsteller gegenüber, die die Heranführung an eben diese Streßsituation in der Ausbildung vermissen.[29]

---

[29] »Ich denke, jeder andere, der von der Schauspielschule kommt, lernt es letztendlich auch erst da. Man ist aus diesem Labor da raus, wo nichts passieren kann [...]und springt dann auf die Bühne und hat dann mit Eifersüchteleien von Kollegen, die arrogant spielen, mit irgendwelchen idiotischen Regisseuren oder sonst wie zu tun. Man lernt es sowieso erst da.« (Akteur D, S. 1)

3. Sprechakttheorie und *fictional discourse*

Die fortlaufende Diskussion um die Methodik der Sprechakttheorie verdeutlicht, dass es, seit den ersten Aufsätze von Searle[30] bis zum gegenwärtigen Stand der Forschung, keine abgeschlossene, homogene Theorie des Sprachhandelns gibt. Ulkan referiert, es gäbe nicht *eine* Theorie,»sondern ein ganzes Bündel unterschiedlicher pragmatischer Ansätze, die eher durch die von ihnen gestellten Fragen als durch gemeinsame Antworten zu charakterisieren sind [...].« (Ulkan 1992, S.XII)[31] Diese Ausgangssituation erlaubt Gedankenexperimente, wie sie in der vorliegenden Arbeit angestellt werden, und expliziert gleichzeitig die Notwendigkeit multiperspektivistischer Sprechhandlungsforschung.

In den folgenden Kapiteln wird ein für diese Arbeit sehr wichtiger Aspekt behandelt. Um überhaupt sprechakttheoretisches Gedankengut und die Kommunikationssituation der Wirklichkeit$_{drama}$ der Bühnensituation zusammenzubringen, muß Deckungsgleichheit festgestellt werden.

>»Gewöhnlich wird die Bühnenhandlung im Theater falsch und nur äußerlich verstanden. [...] Bühnenhandlung bedeutet nicht, dass auf der Bühne herumgelaufen, sich bewegt, gestikuliert wird u.ä. Wichtig ist nicht die Bewegung der Hände, der Beine und des Körpers, sondern die innere Bewegung der Seele und ihr Streben. Daher möchten wir uns von Anfang an, ein für allemal darüber verständigen, dass wir unter „Handlung" nicht theatralisches Agieren, das heißt nicht schauspielerisches Vorführen, nicht äußere, sondern *innere*, nicht

---

[30] Die Searle-Zitate sind im folgenden nach der deutschen Ausgabe (1972, 1982) gewählt. Auf das englische Original greife ich nur zurück, wenn die Übersetzung nicht befriedigend erscheint.

[31] Diese Arbeit ist keine Auseinandersetzung mit der Dialoganalyse, da diese sich, wie in Kapitel 2.2 dargelegt, im Besonderen mit den Beziehungen der Sprechakte untereinander auseinandersetzt.

physische, sondern *seelische Handlung* verstanden haben wollen, geschaffen aus dem ununterbrochenen Wechsel selbständiger Prozesse, Zeitabläufe, Moments u.ä., von denen sich jeder wiederum aus dem Aufkommen von Wünschen, Bestrebungen und Handlungszwängen bzw. inneren Anstößen zum Handeln zur Erreichung von Zielen zusammensetzt.« (Stanislawski 1999, S.59)

Die Wirklichkeit$_{drama}$, wie sie Stanislawski darstellt, wurde in der Sprechakttheorie bisher jedoch nicht akzeptiert.

»In einer ganz besonderen Weise sind performative Äußerungen unernst oder nichtig, wenn ein Schauspieler sie auf der Bühne tut [...]. Unter solchen Umständen wird die Sprache auf ganz bestimmte, dabei verständliche und durchschaubare Weise unernst gemacht, und zwar wird der gewöhnliche Gebrauch parasitär ausgenutzt.« (Austin 1972, S.43f)

Dieses Zitat veranschaulicht den Grund für die Reserviertheit der Sprachwissenschaften in diesem Forschungsbereich. Woher stammt diese ablehnende Haltung? Äußerungen wie die Austins verbauen den Zugang zu diesem weiten Feld.[32] Geht man, wie Austin, von einem »parasitären Sprechakt« (Austin 1981, S.44) aus, wird der besonderen Kommunikationssituation in der Aufführung keinerlei Rechnung getragen. Auch Ohmanns Vorwurf des »talk without consequences« (zit. nach Schmachtenberg 1982, S.9), der auf der besonderen Situation der Fiktivität sowie der Intentionsverlagerung beruht, muß überdacht werden. In der folgenden Auseinandersetzung mit Searles Theorie wird diesen Eckpfeilern sprechakttheoretischen Denkens besonderes Augenmerk geschenkt.

Das Problem der Sprechakttheorie im Umgang mit der Fiktivität literarischer Aussagen (cf. Searle 1975) ist dabei, dass sie sich nie richtig mit den relevanten situativen Bedingungen auseinanderzusetzen scheint. Eine genauere Untersuchung wird verdeutlichen, dass die Vielzahl der Informationen, die mit der Konstituierung der Situation verknüpft sind, und die Komplexität der temporal-lokalen Deixis der Situation den Zuschauer während der Vorstellung derart fordert, dass die Wirklichkeit$_{drama}$ zur Wirklichkeit$_{real}$ wird. Dies gilt sowohl für die leserseitige Rezeption eines literarischen Textes in Form eines Romans wie auch für die publikumsseitige Teilnahme an der Aufführung eines dramatischen Textes. Aufgrund des transitorischen Charakters der Aufführung kann eine Situation auf der Bühne nicht im Moment des Geschehens auf ihre Bestandteile hin analysiert werden. Schon allein aufgrund physikalisch-psychischer Voraussetzungen, wie z.B. der Geschwindigkeit des Handlungs-ablaufs, wird das zuschauerseitige Wissen um die Fiktionalität überlagert. In diesem Moment handelt es sich nicht einmal mehr um den von Courtney referierten Umstand der „willingly suspension of disbelief", sondern um einen ungewollt erlittenen Wirklichkeitstransfer.

»We live in fiction. Those who read a novel or witness a performance do not contemplate a fictional world from outside that world. Rather, as Kendall Walton says, they are within the fictional world; and while the game is played, they take the fictional world to be actual.[...] It has also been said that there is a cognitive distance when we read a novel or go to the theatre - that we not live within the fiction at all but, in Coleridge's phrase, we willingly suspend our disbelief. In fact, as all theatregoers know in their bones, we do both. As members of an audience, there are times when we assume that the fiction is true and that we are in it.« (Courtney 1990 S.37)[33]

---

[32] Einige Versuche wurden gemacht, z.B. ´ZITIEREN´ zu untersuchen. (cf. Gülich, 1978 oder Benninghoff-Lühl 1998).

[33] Die detaillierte „Ver-wirklichung" der fiktionaler Bühnenwelt kann auch ein Problem werden, wenn die Recherche fehlerhaft und somit die dargestellte Realität$_{drama}$ im Gegensatz zum Wissen des Publikums steht. Vgl. hierzu auch die vom Mey referierte Anekdote (1993, S.163f).

Sobald sich für den Zuschauer diese Deckungsgleichheit der Wirklichkeiten ergibt und er somit Teil der fiktionalen Welt der Wirklichkeit$_{drama}$ wird, nimmt er auch die Konsequenzen sprachlicher Handlungen in dieser Welt an.

> »Hierzu [zur realen Kommunikationssituation] weist die innerfiktive Sprechsituation im Drama eine weitgehende Affinität auf. Auch hier verfügen die Figuren über die gleiche lokale und temporale Deixis und agieren miteinander, als ob sie an die Rahmenbedingungen sprechakttheoretischer Regeln gebunden sind.« (Schmachtenberg 1982, S.8)

Vielleicht ist dieser inhärente paradoxe Umstand, wie Courtney ihn nennt, ausschlaggebend für den zurückhaltenden Umgang der Sprechakttheorie mit dramatischen Texten.

> »In the dramatic world, the „as if" is treated as an „is" - it is believed in. Yet this „is" and the „as if" are known to be different forms of reality. Dramatic worlds, in other words, are inherently paradoxical.« (Courtney 1990, S.40)

In ihrem Beitrag verweist Mey (1993) sogar auf die ausdrückliche Notwendigkeit, den Rezipienten in die Wirklichkeit$_{drama}$ einzubinden.[34]

> »I already mentioned the fact that the collaboration of the reader is indispensable. Without the reader, no audience, and without an audience, no performance, no matter how brilliant the performer. But that is not the only way readers collaborate. A reader must be made to buy into what the narrator is trying to tell him or her.« (Mey 1993, S. 155)

---

[34] Ausdrücklich ausgeklammert werden hier die methodischen Ansätze von Bertolt Brecht, der die ´Ausstellung´ der Bühnenfigur verlangte und somit den Schauspieler dazu zwang, die Fiktionalität zu verdeutlichen anstatt sie zu verschleiern. (cf. Courtney 1990, S.38)

Die in den folgenden Kapiteln vorgeschlagenen Analogien der Modelle eröffnen den Weg für eine Überschneidung der Wirklichkeiten. Aufgrund der gemeinsamen Annahmen sprechakt- und schauspieltheoretischer Ansätze kann ein Modell entwickelt werden, dass es ermöglicht, die dramatische Wirklichkeit analog der realen zu behandeln und zu untersuchen. Vor dem Hintergrund dieses Modells erst ist es sinnvoll, Fehlleistungen in der Kommunikationssituation zu untersuchen und zu beurteilen.

3.1 Schauspieltheoretische Grundlagen

Bereits in der Antike wurde über das Verhältnis von Darstellung, Wirklichkeit und Handeln auf der Bühne reflektiert. Seit 1585 die ersten - englischen - Berufsschauspieler deutschen Boden betraten, manifestierte sich die Auseinandersetzung mit dem 'Wie' der Darstellung. Die in den mitunter stark divergierenden Definitionen festgelegten Zielsetzungen verdeutlichen eine grundlegende Dichotomie des Verständnisses. Das Postulat der technisch perfekten Darstellung steht der Forderung nach wirklichem Erleben auf der Bühne gegenüber.[35]

> »Nun ist es aber wohl zu beachten, dass eben das Zurschautragen der eigenen individuellen Person gerade der gröbste Fehler der Schauspieler ist. Dem wahren darstellenden Künstler muß die besondere geistige Kraft innewohnen, sich die von dem Dichter gegebene Person beseelt und lebendig gefärbt, das

---

[35] Hebenstreit sieht den Künstler nicht als produktiv, da dieser nicht Neues erschaffe. Diese Auseinandersetzung mit der Produktivität als Klassifikationsmerkmal wird immer wieder geführt (cf. Ahrends 1994, S.14). Auch Simmel setzt sich damit auseinander »Reproduktiv ist ein Schauspieler, der einen anderen kopiert« (Simmel, 1968, S. 81).

heißt, mit allen inneren Motiven, die die äußere Erscheinung in Sprache, Gang, Gebärde bedingen, vorzustellen. Im Traum schaffen wir fremde Personen, die sich gleich Doppeltgängern mit der treuesten Wahrheit, mit dem Auffassen selbst der unbedeutendsten Züge darstellen. Über diese geistige Operation, die der uns selbst dunkle, geheimnisvolle Zustand des Träumens uns möglich macht, muß der Schauspieler mit vollem Bewusstsein, nach Willkür, gebieten, mit einem Wort, bei dem Lesen des Gedichts die von dem Dichter intendierte Person in jener lebendigsten Wahrheit hervorrufen können.« (Ellinger (o.J.) Werke Dritter Teil, S. 43f.)

Im Fortlauf der Auseinandersetzung versuchten sich die Theoretiker immer wieder an Definitionen des Verhältnisses Schauspieler-Wirklichkeit und dessen technische Umsetzung, die Denis Diderot (1713-1784) in einem Essay knapp darstellte:

»The actor who has nothing but reason and calculation is rigid. The one who has nothing but excitement and emotionalism is silly.« (zit. nach Strasberg 1988, S.34)

Eine grundlegende Gewichtungsänderung in dem bis dahin gleichmäßig besetzten Widerstreit wurde durch die im 19 Jh. in Rußland beginnenden realistischen Theateraufführungen initiiert, die eine sehr viel dezidiertere Definition hervorbrachten.

»Der Schauspieler schafft mit seinen Gefühlen, seiner Vorstellungskraft und seinem Körper. Gefühl und Körper erahnen die innere und äußere Gestalt der Rolle, während die Vorstellungskraft das gesamte Leben der handelnden Person zeichnet, das heißt die entsprechende Atmosphäre schafft, die ja auch die Seele der Rolle formt.« (Stanislawski 1999, S.18)

Mit dem 20. Jh. setzten naturalistische Bemühungen ein, die eine Wende im Selbstverständnis der Schauspielkunst bedeuteten. Konstantin Stanislawski (1863-1938) gründete 1888 die 'Gesellschaft', eine Theatergruppe, die aus Laien bestand und Liebhaberaufführungen kreierte. Die wachsenden professionellen

Anforderungen führten zu hervorragenden Darstellungen, die eine Auseinandersetzung mit theoretischen Fragen der Darstellung evozierten.

„Nach den privaten Inszenierungen kam für Stanislawski [...] die Zeit, da er sich bemühen mußte, die Rolle nicht den Eigenschaften des Darstellers anzupassen[...], sondern den Darsteller gleichsam zu seiner Rolle emporzuheben." (Poljakowa 1981, S.57)

Diese Auseinandersetzung, die die Rollenfigur in den Vordergrund stellt, findet sich auch in der heutigen Stanislawski-Adaption des Method-Acting.

»Vereinfachend gesagt, handelt es sich bei der Methode um eine schauspielerische Technik, bei der ein Darsteller seine eigene Persönlichkeit in starkem Maße mit in die Rolle einbringt. Zusätzlich komplettiert der Schauspieler seine Figur durch eine regelrechte Biographie, was ihm das Einleben in seinen Charakter und dessen Verkörperung dann erleichtert. So wird das „Method Acting" häufig eher zu einer psychologischen Nabelschau als zu einer artifiziellen Mimik. Voraussetzung dafür ist allerdings die Bereitschaft eines Schauspielers, sich ganz zu öffnen, sein Innerstes nach außen zu kehren, seine Komplexe bloßzulegen.« (Zurhorst 1989, S.26)

In den folgenden Kapiteln werden einzig diejenigen Aspekte der Theorie diskutiert, die direkt mit der Aufgabenstellung dieser Arbeit zusammenhängen. Kapitel 3.1.1 reflektiert die Anfänge der naturalistischen Schauspieltheorie, Kapitel 3.1.2 baut darauf auf, stellt allerdings nur die von Strasberg in diesem Bereich eingeführten Modifikationen heraus.

3.1.1 Wirklichkeit_{drama} bei Stanislawski und Boleslawski

Seit der russische Schauspieler, Regisseur und Theaterpädagoge Stanislawski mit dem „System"[36] die Wende von der rhetorischen hin zur psychologischen Arbeitsweise des Schauspielers einleitete, wird der dramaturgische literarische Text als Vorlage zur Aufführung nicht mehr isoliert betrachtet. Primär wird das in ihm postulierte Verhältnis zwischen Handlungen und Verhalten der Rollenfigur interpretiert.[37] Gesucht wird der Grund für die Anwesenheit der Rollenfigur in einer Szene, also das Handlungsziel der Rollenfigur, das u.a. mit Hilfe der Sprechakte im dramatischen Dialog gefunden werden soll. Um nicht Sklave der Arbitrarität künstlerischer Eingebung und deren Unzuverlässigkeit zu werden, entwickelte Stanislawski sehr exakte Arbeitsschemata, mit Hilfe derer die psychologische Struktur einer Figur gefunden und gefüllt werden konnte. Richard Boleslawski, Kollege Stanislawskis und Mitbegründer des Moskauer Künstler-Theaters, war an der Entwicklung dieses theoretischen Grundgerüstes nachweislich beteiligt und hat selbst entscheidenden Einfluß auf die Verbreitung und Anerkennung der russischen Schauspieltheorie gehabt.

Bereits in seinen Aussagen zur Grundausbildung legt Stanislawski deutlich dar, wie wichtig methodisches Herangehen bei der Rollenkonstruktion und dem darauf folgenden Umgang mit dem Dramentext ist. Nur so kann

---

[36] Stanislawskis Werk umfaßt die Bücher „Die Arbeit des Schauspielers an sich selbst" (2 Bände), „Die Arbeit des Schauspielers an der Rolle", dessen umfangreiche Aussagen notwendigerweise stark verkürzt wiedergegeben werden.

[37] Das deutsche resp. das europäische Theater ist in seinen Anfängen ein literarisches Theater gewesen - »eine Bühne des Geistes«, wie Drews sie beschreibt

schauspielerischen Fehlleistungen wirksam vorgebeugt werden, die entstehen, wenn der Text gelernt wird, bevor die Rolle und deren psychologischer Hintergrund entwickelt ist.

> »Außerdem [...] bewahren die wesentlichen Grundsätze des Schaffens und die organischen Naturgesetze, auf denen unsere Kunst basiert, den Schauspieler vor Entgleisungen. [...] Ohne die festen Grundsätze der von den natürlichen Gegebenheiten ausgehenden Kunst des Erlebens werden sie unsicher, irren ab, verlieren den Maßstab.« (Stanislawski 1981, S. 28)

Als Entgleisungen sind in diesem Zusammenhang die Übertreibungen in Gestik, Mimik und Habitus zu verstehen, die der Darstellung den Wirklichkeitscharakter nehmen.[38] Für den Zuschauer wird dadurch das Nicht-Wirkliche erkennbar. Er wird aus der transitorischen Fiktion der dargestellten Wirklichkeit$_{drama}$ gerissen und sieht die Darstellung nur noch als künstlerische Aufführung in der Wirklichkeit$_{real}$. Stanislawski nutzt diese Tatsache um die Wichtigkeit seiner Technik gegen diese Gefahren der „Faxenmacherei" (Stanislawski 1981, S. 41) abzugrenzen

> »Schauspieler dieser Art sind nicht imstande, jede Rolle einzeln zu erschaffen. Sie können nicht erleben und das Erlebte organisch verkörpern. Die Handwerker vermögen nur den Text der Rolle vorzutragen und ihn mit endgültig festgelegten Mitteln des Bühnenspiels zu begleiten.« (Stanislawski 1981, S.35)

(Drews 1961, S.44) Stanislawski führte den Schauspieler weg vom literarischen Erlebnis hin zum Urerlebnis.

[38] Im Unterricht am Lee Strasberg Theatre Institute werden viele Stunden der Ausbildung auf die Sensibilisierung des Akteurs als Zuschauer und des Schauspieler auf die Bühnenwirklichkeit verwendet. Ungewollte Karikaturen und Übertreibungen sind demnach auf zwei basale Tatsachen zurückzuführen: die Konzentration und den Glauben an das Dargestellte. Die Konzentration des Schauspielers soll nicht auf die Reaktionen der Zuschauer gerichtet sein, sondern auf die dargestellte Situation und die korrelierenden Handlungsziele. Gebunden wird diese Konzentration durch den Glauben an die Wirklichkeit$_{drama}$ der dargestellten Situation, an die vom Stück vorgegebenen Umstände und Handlungsziele.

Der „Faxenmacher" bedient sich »schauspielerischen Schablonen« (Stanislawski 1981, S.32), die ihn auf klischeehaftes Handeln festlegen, wie 'Augenrollen' als Zeichen von Wut. Der Schauspieler kann mit Hilfe der 'Kunst des Erlebens' diesen Schablonen und den mit ihnen verbundenen Fehlleistungen entkommen, wenn er die Realität der Szene annimmt. Diese bewußte 'Ver-Wirklichung' der Bühnensituation war Stanislawskis Hauptanliegen.

>>Many people have assumed that Stanislavsky's emphasis on the actor's need to experience truly is predicated on the assumption that the actor is not aware of the imaginary nature of performance. In other words, the actor forgets that he is acting. Obviously, this is impossible. If the actor really forgot that he was acting, he would naturally drop his cues, his dialogue and all of his scenic directions. What mattered, Stanislavsky felt, was the truth of the actor; it is what the actor feels and experiences internally that expresses itself in what the character says and how he reacts externally.« (Strasberg 1988, S.52)

Die von Strasberg als »truth« (Wahrheit) bezeichnete Wirklichkeit$_{drama}$ hat zum Ziel, dass »der Schauspieler vom Stück ganz ergriffen ist. Dann lebt er unwillkürlich das Leben der Rolle« (Stanislawski 1981, S. 25). Wie eingangs verdeutlicht, wurde diese Zielsetzung bereits vor Stanislawski als erstrebenswert propagiert. Sein großer Verdienst ist vor allem die Vermittlung eines Systems »psychotechnische[r] Methoden« (Stanislawski, ebd.), um dieses Ziel schrittweise und vor allem wiederholbar zu erreichen. Die Wiederholbarkeit unbewußt ausgelöster Prozesse, wie Gefühle und emotionale Reaktionen, steht dabei im Vordergrund. »Das Bewußte durch das Unbewußte« (Stanislawski 1999, S.26) zu erreichen, ist somit zu verstehen als ein methodischer Prozeß, der die Verfügbarkeit psychologischer Stimuli für sprachliche Handlungen - illokutionäre Akte - gewährleisten soll.

»Erst wenn der Schauspieler begreift und fühlt, dass sein inneres und
äußeres Leben auf der Bühne so natürlich wie irgend möglich verläuft, so wie es
die menschliche Natur verlangt, erst dann werden sich die Geheimgänge des
Unbewußten langsam öffnen und die nicht immer faßlichen Gefühle zutage
kommen.« (Stanislawski 1981, S.26)

Natürlichkeit wird hier gleichgestellt mit der Fähigkeit zur Identifikation
mit nicht-realen Personen, den Rollenfiguren. Deren Wirklichkeit wiederum
entsteht durch die Einbringung der persönlichen Erlebnisstrukturen des
Schauspielers, die der Rollenfigur in Art und Intensität angepaßt werden
müssen.

»When we put ourselves in someone else´s shoes, we try to think and act
as they do. This act of identification and impersonation is the bedrock of all
dramatic action: Infantile identifications lead to it and theatrical acts result from
it.« (Courtney 1990, S.21)

Das entwickelte psychologische Gerüst der Figur dient nicht nur einer
einmaligen Verkörperung, sondern muß beliebig oft in nahezu identischer
Intensität wiederholbar sein. Diese Form der Reproduktivität dieses Schaffens
bezieht sich also keineswegs auf das Wiedergeben literarischer Vorlagen im
Sinne einer Nacherzählung, sondern auf die Urbarmachung erlebter Gefühls-
inhalte.[39]

»Sie sehen, unsere Hauptaufgabe ist nicht nur, das Leben der Rolle in
ihrer äußeren Erscheinung wiederzugeben, sondern vor allem auch das innere
Leben des dargestellten Menschen und des ganzen Stückes auf der Bühne
entstehen zu lassen, wobei die eigenen menschlichen Gefühle dem Leben der
Rollengestalt angepaßt und diesem fremden Leben alle organischen Elemente der
eigenen Seele gegeben werden müssen.[...] Die Rolle muß man erleben - das

---

[39] Stanislawski spricht in diesem Zusammenhang von »Wiedergabe«
(Stanislawski 1981, S.30).

heißt die ihr entsprechenden Empfindungen verspüren, bei jeder Wiederholung.« (Stanislawski 1981, S.27)

Als Paradigma für solche psychotechnischen Methoden sei an dieser Stelle das emotionale Gedächtnis[40] vorgestellt. Stanislawski widmete sich der Tatsache, dass erlebte Situationen inklusive der situativen Bedingungen und der emotionalen Konnotationen im Gedächtnis verankert sind. Über den Zugang des Wiedererlebens des situativen Kontextes kann der Schauspieler an die damit verknüpfte Emotion herangeführt werden. Im Verlauf der Ausbildung wird die Zugriffszeit durch die Übungen so sehr verkürzt, dass schließlich die Emotion augenblicklich hervorgerufen werden kann. Stanislawskis Ziel ist, diese Gedächtnisprozesse nicht nur reproduktiv zu nutzen, sondern eine Verbindung von kontrolliertem Gedächtnisabruf und der Wirklichkeit$_{drama}$ der „augenblickliche[n] Bühnen und Publikumssituation" (Arendts 1994, S.20) herzustellen. In diesem Zusammenhang spricht Stanislawski von der Art der Erinnerung als von „allem Zufälligen befreite Gedächtnisspuren" (Arendts 1994, S.84), die durch die wiederholte Aktivierung gereinigt und abstrahiert werden.[41]

„Aus vielen solcher Erlebnisspuren entsteht eine einzige - große, verdichtete, erweiterte und vertiefte - Erinnerung an gleichartige Empfindungen. Diese Erinnerung enthält nichts Überflüssiges, sondern nur das Wesentlichste. [...] Das ist eine Erinnerung in großem Maßstab. Sie ist reiner, dichter, vollständiger, inhaltsreicher und eindringlicher als die Wirklichkeit selbst." (Stanislawski 1981, S. 199)

Ein ähnliches Vorgehen entwickelte er für das Gedächtnis des Körpers (cf. Kott 1990, S. 367). Es wird besonders trainiert, indem äußere Handlungen

---

[40] cf. Arendts 1994, S.80ff.

[41] Die Verwendung des Begriffes ist allerdings nicht kongruent mit der der Gedächtnispsychologie.

nicht rein pantomimisch dargestellt werden. Vielmehr wird die intuitive Sensorik und Motorik durch das Imaginieren der zurückliegenden Erlebnisse der Wirklichkeit$_{real}$ angesprochen.

>>The Moment you can use your hands and deal with imaginary props, you are in control of another principle in your work, the principle of the truth in stage. You have learned the sensory truth of muscular memory.[...] You must open a jar whose top has been fastened too tightly. You remember the muscular strength it takes to open such a jar in real life. Use it onstage.<< (Adler 1990, S.14f)

Neben den skizzierten psychotechnischen Methoden, ist der Darsteller dazu angehalten, den im Dramentext dargestellten Lebensabschnitt der Rollenfigur in deren komplettes Leben einzubinden. Zu diesem Zweck wird eine Biographie entworfen, die helfen soll, die Gründe für das darzustellende Verhalten der Figur einfacher nachvollziehen zu können. Der basale Gedanke ist, so eine größere und komplexere Identifikation zu ermöglichen, indem die Grenze zwischen Wirklichkeit$_{drama}$ und Wirklichkeit$_{real}$ aufgehoben wird.

>>Lange vor der Darstellung der [...] Rolle muß der Schauspieler in seiner Einbildung fast das gesamte Leben der darzustellenden Person in all seinen realen erfühlbaren und in der Erinnerung vertrauten Einzelheiten durchspielen.<< (Stanislawski 1999, S.17)

Die vorgestellten Grundmethoden dienen nicht nur der Findung der adäquaten Gefühle und Handlungsstimuli durch Improvisationsklassen, sondern darüber hinaus auch zur Bildung einer Technik der ungefährdeten Wiederholbarkeit (Stanislawski 1981, S. 32), die für qualitativ gleichbleibendes Theaterspielen unter den unterschiedlichsten Bedingungen sorgen soll.

>>Auch bei der Kunst der Wiedergabe wird die Rolle richtig erlebt, sei es ein einziges Mal oder mehrmals, sei es zu Hause oder auf den Proben. Das

Vorhandensein des wesentlichen Prozesses - des Prozesses des Erlebens - gibt uns ja gerade das Recht, auch diese Richtung für echte Kunst zu halten.[...] In unserer Kunst des Erlebens muß jeder Augenblick der Rolle jedesmal neu erlebt und jedesmal neu verkörpert werden.« (Stanislawski 1981, S.30)

Erst nach diesen Präliminarien wendet sich der Schauspielschüler dem Text zu. Der anschließend zu lernende Vorgang der Strukturierung des dramatischen Textes ist äußert wichtig. In der Auseinandersetzung mit der Handlungslogik des Stückes, der einzelnen Akte und Szenen, wird der Dialog in einzelne Abschnitte unterteilt. Die Segmentierung exponiert das Handlungsziel der Szenen sowie die zur Erreichung des Zieles verwendeten Handlungsabschnitte. Der Ziele wiederum werden in Verbalphrasen, wie ´meine Frau anlügen, um an ihr Erbe zu gelangen´ verdichtet. Der zweite Abschnitt der Verbalphrase stellt dabei die übergeordnete Szenenhandlung dar, auf dessen Verhältnis im nächsten Kapitel genau eingegangen wird. Die Handlungsverben haben ein ihnen immanentes Handlungsziel - analog dem illokutionären Zweck in der Sprechakttheorie. Aufgabe des Schauspielers ist es, diese Handlungsziele festzulegen und die Handlungsmotivation mit Hilfe der psychotechnischen Methoden in sich selbst zu finden.[42] Die durch die psychotechnischen Methoden hervorgerufenen »Wünsche und Bedeutungen« entfachen den »Drang zum Handeln«, also die Handlungsmotivation (Stanislawski 1999, S. 57).

Die vom Autor gewählten sprachlichen und praktischen Handlungen entsprechen natürlich nicht ausnahmslos dem den Schauspielern zur Verfügung stehenden individuellen Erlebnispotential. Um diese Divergenz zu überbrücken, entwickelt der Darsteller einen sogenannten »Subtext« (Manderino 1985, S. 18).

Dieser besteht auf funktionsäquivalenten Varianten zum vorgegebenen Sprechakt und verhilft ihm, den illokutionären Zweck des dramatischen Sprechaktes mit seiner persönlichen Sprachverwendung in Einklang zu bringen. Die für die einzelnen Sequenzen und Sprechhandlungen gewählten Stimuli, sowie die durch Subtext gestützten Dialogpassagen werden während des Probenprozesses zu einem »inneren Film« (Stanislawski 1981, S.19) verbunden, der Initiator für die Identifikation mit der Wirklichkeit$_{drama}$ ist. Verstärkt wird dieser Vorgang durch die von Courtney als gegenseitiges Überreden bezeichnete Wechselwirkung der Bestrebungen der Darsteller.

> »In one sense, players in communication persuade one another. A teacher in class, an actor performing on stage, the author of a book - each persuades another person (or does not) that such and such is the case. The receiver comes to believe.« (Courtney 1990, S.24)

Der beschriebene Prozeß verläuft graduell während der Probenarbeit. Doch während zur Zeit des russischen Naturalismus z.T. monatelang an Stücken geprobt wurde, läßt der heutige deutsche Stadttheaterbetrieb nur Probenzeiträume von 4 Wochen zu.[43]

---

[42] Dieser Umgang mit dem Text ist kaum in den deutschen Schauspielunterricht eingegangen und fand trotz Strasbergs Theaterreisen und Gastauftritten (z.B. 1978 im Schauspielhaus Bochum) nur langsam Verbreitung.

[43] Der Wochenplan eines Ensemblemitgliedes der Städtischen Bühnen Münster z.B. verlangt, ein Stück lernend und probend tagsüber vorzubereiten, während am Abend ein anderes zur Aufführung kommt. Die Rollenverteilung und somit der Lern- und Vorbereitungsaufwand sind nicht absehbar und setzen den einzelnen Darsteller unter einen großen Erfolgsdruck.

3.1.2 Wirklichkeit_{drama} bei Strasberg und Adler[44]

»I have often been asked what the relation is between the „Stanislavsky system" and what is commonly called „the Method". I have always stated simply that the Method was based on principles and procedures of the Stanislavsky system.« (Strasberg 1988, S.84)

Die von Lee Strasberg entwickelte Methode basiert also auf der Theorie Stanislawskis. Die amerikanische Rezeption dieses naturalistischen Ansatzes hat, auch wenn sie viele Modifikationen und Gewichtungsveränderungen einbrachte, die Wichtigkeit des Stanislawski-Systems erkannt.

»Just as our understanding of human behaviour and modern physics is still turning on the revelations of Freud and Einstein, so our contemporary knowledge of the actor´s craft is still heavily indebted to Stanislavsky´s one-hundred-year-old discoveries.« (Strasberg 1988, S.42)

Zu den übernommenen Übungen gehören u.a. die ´song and dance excercise´ und die ´private moment excercise´ (cf Manderino 1985, S. 21). Letztere war bei Stanislawski ein Mittel, die auf der Bühne vorherrschenden theatralischen Habita bei Schauspielschülern aufzulösen und durch die Natürlichkeit des eigenen Verhaltens und Empfindens zu ersetzen (cf. Stanislawski 1981, S.44f). Strasbergs Aufzeichnungen und der mit seiner starken Persönlichkeit verbundene autoritäre Unterrichtsstil haben immer wieder zu subjektiven

---

[44] Während Strasberg die frühen Aussagen Stanislawskis umsetzte, wendete Stella Adler sich dem Spätwerk Stanislawskis zu. Daraus resultiert ein fortdauernder Kampf um die ´richtige´ Lehre Stanislawskis. Vor diesem Hintergrund mag es vermessen erscheinen, beide Ansätze gemeinsam zu diskutieren. Die Erfahrungen des Autors mit beiden Ausbildungsmethoden allerdings zeigen, dass sie sich eher ergänzen als ausschließen. Daher ist eine Zusammenführung durchaus legitim.

und überkritischen Sichtweisen geführt.[45] Daher wird dieses Kapitel primär aus Strasbergs Werken und eigenen Erfahrungen des Autors schöpfen, um die Relevanz dieser Schauspieltheorie darzulegen.

» The main point of this school is that it is not enough to live through a part only once, and then represent it many times. The actor must live through it every time. In addition to the technical means of the actor (voice, speech, body) attention is put on the technique of feelings, and the feelings are never dissociated from the outer technique; they are used in every performance.« (Boleslawski zit. nach Strasberg 1988, S. 66)

Auch stellt Strasberg fest, dass die konträren Theorien schon lange vor Stanislawski in Opposition getreten waren. Die leitende Frage ist, ob der Schauspieler das Gefühl 'wirklich erleben' soll, das er darstellt oder ob er es 'zeigen' soll, ohne das Gefühl zu erleben (cf. Strasberg 1988, S. 30).

»As I continued my research into the problems of the actor, I realized that the debate between these two basic styles of acting - one demanding truthfulness of experience and of expression, and the other emphasizing the rhetorical and external nature of acting - appeared as early as Shakespeare's speeches[...].« (Strasberg 1988, S. 30)

Strasbergs Standpunkt in dieser Debatte ist eindeutig und geht über Stanislawskis Theorie hinaus. Fühlt sich letzterer noch dem künstlerischen Als-Ob verpflichtet, stellt Strasberg - genau genommen - bloßes Sein auf die Bühne. Diese Zielsetzung findet sich auch in Strasbergs Unterricht wieder, der hier knapp dargestellt werden soll.[46] Die erste Stufe der Ausbildung umfaßt ausgeweitete Entspannungsübungen. Denn nur ein entspannter Körper und Geist

---

[45] Beispielhaft ist der „Exkurs" bei Arendts (1994, Kapitel 3.3, S.97ff), indem eine persönliche Meinung über der Darstellung des Sachverhaltes steht.

kann die Gefühle aus der Erinnerung Wirklichkeit werden lassen. Ein Katalog der in der Grundausbildung zu absolvierenden Übungen findet sich bei Manderino (1985). Die Auswahl der Übungen wird vom Lehrer für jeden Schüler individuell vorgenommen, um auf dessen ´genetische Gewichtung´ zwischen optischen, visuellen, auditiven und haptischen Stimuli eingehen zu können.[47] Die gefundenen motorischen und psychischen Erinnerungen werden in weiteren Schritten nicht mehr isoliert trainiert, sondern den einzelnen Handlungsabsichten im dramatischen Text zugeordnet. »Rather, the purpose was to find a way of creating the emotional reaction demanded of the character by the text« (Strasberg 1988, S. 90).

In der Ausbildung werden kurze Szenen entwickelt, in denen zwei oder mehr Darsteller ihre Handlungsabsichten im Dialog erreichen müssen. Sie werden nicht über ihre gegenseitigen Ziele informiert, um so das Empfinden der Wirklichkeit$_{drama}$ zu steigern.

> »The aim of these experiments with improvisation was to permit the actor, both in the process of training and in rehearsal, to develop the necessary flow of thought and sensation which leads to the development of spontaneity on stage. This spontaneity must encompass both prepared actions and memorized lines, and also leave room for „the life of the moment". This creates in both the actor and the audience the sensation of something taking place here and now.« (Strasberg 1988, S. 91)

---

[46] Der Autor der vorliegenden Arbeit war von 1993 bis 1996 mehrmals Gast bei Workshops des Lee Strasberg Theatre Institutes London.

[47]»How do we perceive? [...] Human perception depends largely on three factors: the appropriate functioning of the sensory organs; the state in which we improve our awareness, of self, of others and of the environment; and the ability to concentrate, to focus on what we percieve. « (Courtney 1990, S.51)

Der so geschulte Schauspieler verfällt nicht mehr in die bereits von Stanislawski beschriebene Faxenmacherei und erlebt statt dessen die Wirklichkeit$_{drama}$ auf der Bühne - Strasberg spricht davon, dass nur das Objekt der Übung eingebildet sei, die Reaktion hingegen wirklich stattfinde.

> »Directing this exercise on later occasions, I have made sure that the actor is truly thinking about something instead of only pretending to think. Frequently, a young actor will knot his brow, press his lips, let his eyes flicker up or down or sideways as if he is thinking. When you question him, he isn´t thinking about anything, he is just imitating the process of thinking.« (Strasberg 1988, S. 68)

Um in die zweite Stufe der Ausbildung zu gelangen, muß der Schüler die Umkehrung des zuvor Postulierten vornehmen. Fragt er sich bis dahin: ´Was würde ich tun, wenn ich der Charakter in dieser oder jener Situation wäre ?´, so muß er sich jetzt fragen: ´Was muß ich tun, um das zu tun, was der Charakter in dieser oder jener Situation macht´ (cf. Strasberg 1966, S. 119f). Neben diesen Übungen zur Intensivierung der psychologischen Stimuli des Schauspielers steht der Umgang mit dem dramatischen Text. Ein wichtiger Aspekt der Textarbeit ist, wie gesagt, das Erkennen der Handlungsabsichten der Rollenfigur. Jede Szene wird unterteilt in Hauptabsichten der Figur ´actions´ und Unterabsichten ´activities´, die zum Ziel haben, die Hauptabsicht zu erfüllen.

> »When the actor gains some awareness of the event as contrasted to the plot of the scene, he can then begin to divide the scene into units of action.[...] The actions relate to the place, the daily activities he would usually perform in this place etc.« (Strasberg 1988, S.164)

Diese Absichten können sowohl aus praktischen wie auch aus sprachlichen Handlungen bestehen, beide sind gleichgestellt. Ein Beispiel aus dem Kurs „Basic Acting" (1996) unter Leitung von Andy Lukas ist:

»Sp1 hat die Haupthandlungsabsicht, Sp2 aus der gemeinsamen Wohnung zu schicken. (das entspricht der ´action´)
Sp1 hat mehrere Unterabsichten zur Verfügung, Sp2 dazu zu bringen, die Wohnung zu verlassen (das entspricht den ´activities´).«

Die Hauptabsicht ´Sp2 aus der Wohnung schicken´ kann erreicht werden durch folgende Unterabsichten:

»Sp1 droht Sp2, Sp1 becirct Sp2, Sp1 besticht Sp2, Sp1 erpreßt Sp2 usw.«

Für den Fortlauf der Szeneninterpretation bezüglich der Intentionen gilt dabei:

»If you do not complete your action, you must change it to another. If you can complete your action, continue with it and then go into another.« (Adler 1990, S.41)

Die Auflistung der Unterabsichten verdeutlicht, dass die sprachlichen Handlungen (DROHEN, BECIRCEN, ERPRESSEN) auch hier gleichgestellt neben den praktischen vorkommen (DROHEN, BESTECHEN). DROHEN kann dabei also in beiderlei Hinsicht verstanden werden: DROHEN mit einer Waffe oder DROHEN mit Konsequenzen. Im spezifischen dramatischen Text jedoch ist die Hierarchie- Strukturwahl der Handlungsabsichten vorgegeben.

»Look for the sequences in a text and follow them. Each sequence is another thought. See how the idea develops.« (Adler 1990, S.105)

Der Darsteller hat die Aufgabe, die nötige Unterteilung vorzunehmen. Neben den leicht zu erkennenden direkten Sprechakten, deren Handlungsabsicht im zu sprechenden Text expliziert wird, stehen allerdings die indirekten

Sprechakte. Ihnen die 'richtige' Handlungsabsicht zuzuordnen, bedarf genauer Analyse. Als helfender Leitfaden gilt, dass die Unterabsichten direkt zu Hauptabsicht führen sollten und in direktem Kontakt zu dieser stehen.

»Sp1 DROHT Sp2, um „SP2 aus der Wohnung zu BEKOMMEN".«

Die Unterabsicht „Sp1 SINGT, um Sp2 aus der Wohnung zu bekommen" entspricht dieser Regel nicht (ich gehe in dieser Situation davon aus, dass kein Singen schrecklich genug wäre, einen Sp2 wirklich zu vertreiben). Geht man auch von physischen Aktionen als funktionsäquivalent aus, muß eine kämpferische Auseinandersetzung hinzu genommen werden.[48]

Hat der Darsteller den Ablauf der Handlungsabsichten festgelegt, setzt die in den Grundübungen vertiefte Fähigkeit zur Identifikation mit den Intentionen der Rollenfigur ein. Dies geschieht im Probenprozeß und führt dazu, dass das auf der Bühne Erlebte für den Darsteller wirklich wird. Die physische Komponente wird dabei aus zwei Richtungen 'verwirklicht'. Zum einen will der Darsteller als Rollenfigur die andere Rollenfigur verletzen und wird - so es die Inszenierung will - durch ein Ausweichen des anderen am Treffen gehindert. Zum anderen ist die Reaktion des Gegenübers bei vollzogenem Schlag wiederum durch die psychotechnischen Methoden gefüllt. D.h. der getroffene Darsteller empfindet und veräußerlicht den empfundenen Schmerz, der aus seiner Erinnerung stammt, wirklich und überzeugt im Sinne Courtneys (1990, S.24) rückwirkend den Schläger vom Vollzug seiner Handlung.

Herausgestelltes Ziel des Method-Acting ist der Sprung von der dramatischen Wirklichkeit zur realen Wirklichkeit auf der Bühne. Mit Hilfe der oben dargelegten Methodik werden die im Dialog des dramatischen Textes ausgeführten Sprechakte in wirkliche Situationen eingebettet, in denen der Schauspieler in Identifikation mit der Rollenfigur wirkliche Intentionen verfolgt. Im folgenden Kapitel werden die analogen Verfahrensweisen sprechakttheoretischer und schauspieltheoretischer Analyse verbunden. Es gilt, sprechaktspezifische Grundannahmen zu referieren.

3.2 Sprechakttheoretische Grundlagen

»Ich unterscheide zwischen Sprachphilosophie und linguistischer Philosophie. Die linguistische Philosophie stellt den Versuch dar, bestimmte philosophische Probleme dadurch zu lösen, dass sie auf den gewöhnlichen Gebrauch einzelner Wörter oder anderer Elemente in einer bestimmten Sprache achtet. Die Sprachphilosophie stellt den Versuch dar, zu philosophisch einflußreichen Beschreibungen bestimmter allgemeiner Sprachmerkmale - wie z.B. Referenzen, Wahrheit, Bedeutung und Notwendigkeit - zu gelangen, und sie beschäftigt sich nur beiläufig mit bestimmten Elementen einer einzelnen Sprache, obwohl ihre eher empirische und rationale als apriorische und spekulative Forschungsmethode sie natürlich dazu zwingt, genauestens auf die Tatsachen der natürlichen Sprachen zu achten. »Linguistische Philosophie« ist primär der Name für eine Methode, »Sprachphilosophie« der für einen Gegenstand.« (Searle 1971, S.12)

Die Gleichsetzung von Sprache und Handlung wurde bereits in der antiken Philosophie des Aristoteles vollzogen (1355b, Rhetorik 1980, S.9). In

---

[48] Searles Beispiel des fiktiven Faustschlages und selbst sein Verweis auf die Auto fahrenden Kinder ist in diesem Zusammenhang als unvollständig zu bezeichnen (cf. Searle 1985, S.89).

Europa sind die Anfänge der Untersuchung von sprachlichem Handeln bereits im 17. Jahrhundert zu finden: 1657 in Frankreich durch Fr. H. Aubignac. 1933 folgten Werke von L. Bloomfield, 1934 von K. Bühler. 1955 hielt J.L. Austin seine Vorlesung »How to do things with words« in Harvard. 1962 erscheint das Skript posthum als Buch und stellt seitdem einen der Grundpfeiler der Sprechakttheorie dar.[49] Sprechen und Handeln werden darin gleichgesetzt. Differenziert jedoch wird nach praktischer und sprachlicher Handlung (RAUCHEN vs. ERZÄHLEN).[50]

J.R. Searle, Austins Schüler, nahm dieses sprachphilosophische Modell auf und vertiefte es. Das Novum dieses Ansatzes beschränkte sich jedoch aus Searles Sicht auf die Sichtweise des Gegenstandes und nicht auf die methodologische Perspektive (Bremerich-Voß 1981, S.57).[51] In der Auseinandersetzung mit Austins Ansatz versuchte Searle ebenfalls, Grices Ideen zu 'Meinen' und 'Bedeuten' in seine Theorie zu integrieren.

Die linguistische Pragmatik, die ebenfalls die Bedingungen sprachlichen Handelns untersucht, hat sehr von den Ergebnissen dieser philosophischen Auseinandersetzung profitiert. Sie kritisiert die in der generativen Transformationsgrammatik postulierte ideale Sprecher-Hörer Beziehung und sucht einen Weg

---

[49]Die Relevanz von Wittgensteins Spätwerk und Ryles Arbeiten für die Theorie der sprachlichen Handlung ist unbestritten und wird nur aus Platzgründen nicht weiter ausgeführt. Karl Bühlers fragmentarische Entwicklung einer sprechhandlungsorientierten Theorie (Beck, Götz 1980, S.4) kann ebenso wie Grices Forschungsansatz, dessen Wichtigkeit langsam anerkannt wird (cf. Ulkan 1992, S.XII), nur marginal integriert werden.

[50] Meyers Unterscheidung (1983, S.17) zwischen symbolischen und materiellem Handeln sei hier kurz erwähnt. Auf eine notwendige kritische Überprüfung muß aber verzichtet werden. Es wäre jedoch ratsam, diese Überprüfung einmal vorzunehmen, da die Unterscheidung der Handlungsarten recht oberflächlich erscheint.

vom abstrakten Konstrukt hin zur originären Sprachmaterial. Der Idealisierung wird so die Wirklichkeit gesellschaftlicher Kommunikation entgegengestellt. Problematisch ist allein die Gewinnung des zu untersuchenden Datenmaterials (cf. Berg 1988, S.1). Während Berg die Integrität der Beschaffung des Datenmaterials in Relation zur jeweiligen Zielsetzung setzt und eine »Gefahr der Vermischung von perzeptueller und produktioneller Bedingungen« sieht (Berg 1988, S.5), kritisiert Andresen unter Bezugnahme auf Chomskys Vorgehen generell das empirische Procedere linguistischer Datensammlung. Sie moniert, dass Chomsky als »Bestätigungsinstanz für die Hypothesen [...] seine eigenen Sprachkenntnisse und die anderer Sprecher« (Andresen 1976, S.33) ansetzt. Mit dieser Kritik der fehlenden Objektivität, die introspektive und vorwissenschaftliche Datengewinnung bedingt, muß sich ihrer Ansicht nach auch die Sprechakttheorie auseinandersetzen.

> »Introspektion mag ein nützliches Hilfsmittel für heuristische Vorklärungen bleiben, aber sie kann unter den genannten Voraussetzungen nicht als wesentliches Mittel der Datengewinnung eingesetzt werden. Auch I n f o r m a n t e n b e f r a g u n g zum Sprachverhalten gibt keine ausreichende Datenbasis für linguistische Pragmatiktheorien ab, da Auskünfte von Personen zu ihrem Kommunikationsverhalten dadurch verfälscht sein können, dass sie sich über ihre eigenen Kommunikationsvoraussetzungen täuschen können.« (Andresen 1976, S.34)

Auch Wunderlich erkennt diese Schwachstelle sprechakttheoretischen Forschens bei Searle und Grice.

> »Diese philosophischen Arbeiten versuchen, teils logische, teils sprachpsychologische Klärungen vorzubereiten, sie stehen aber in keiner Verbindung zu empirischen Untersuchungen und haben auch keine Methodik

---

[51] Searles Kritik an Austins Konzept des lokutionären Aktes ist bei Bremerich-Voß ausführlich wiedergeben (cf. Bremerich-Voß 1981, Kapitel 6f).

dafür entwickelt. Um den Abfolgezusammenhang von Sprechhandlungen in der menschlichen Interaktion und den Bezug auf soziale Bedürfnisse hat sich keiner der Philosophen gekümmert.« (Wunderlich 1976, S.7)

Diese Kritik an den basalen Methoden der Datengewinnung erscheint jedoch sehr einseitig. Unterschlagen wird die Komplexität des Analyseobjektes, der durch die vorausgehenden Ansätze noch nicht genügend Rechnung getragen werden konnte. Das Postulat der Wissenschaftlichkeit und des empirisch einwandfreien Untersuchungsmaterials muß im Zusammenhang mit linguistischen Untersuchungen neu reflektiert werden. Denn Introspektion ist gerade in diesem Bereich eine der informationsreichsten Erhebungsmethoden und ihre Ergebnisse können bei der Sammlung grundlegenden Datenmaterials nur helfen.

3.2.1 Die Sprechakttheorie nach Searle

»Wie kommt es zum Beispiel, dass wenn man sagt „Jones ging nach Hause", fast immer meint, Jones ging nach Hause und nicht, sagen wir, Brown ging auf die Party oder Green betrank sich? Und worin besteht die Beziehung zwischen dem, was ich meine, wenn ich etwas sage, und der Bedeutung, unabhängig davon, ob sie sprachlich ausgedrückt wird oder nicht?« (Searle 1971, S.11)

Diese Überlegungen stehen am Anfang von Searles Ausführungen zu seiner Theorie der »Speech Acts«[52]. Die Grundidee, dass ein Sprecher mit Worten respektive mit Sprache ebenso handelt wie mit Taten und ebenso Reaktionen eines Gegenübers hervorruft und seine Umwelt verändern kann, ist deshalb so einleuchtend, weil der Großteil zwischenmenschlicher Kommuni-

---

[52] Titel der englischen Ausgabe von 1969.

kation verbal verläuft. Dieser Ablauf scheint gewissen konstitutiven Regeln und Konventionen zu gehorchen, denen die Teilnehmer folgen.[53]

>>Die Hypothese dieses Buches ist also, dass eine Sprache sprechen eine regelgeleitete Form des Verhaltens darstellt. Um es deutlicher auszudrücken: Sprechen bedeutet, in Übereinstimmung mit Regeln Akte zu vollziehen.<< (Searle 1971, S. 38)

Diesen Regeln hat Searle ein Modell zugeordnet, aus dem sich reziprok die Bedingungen für die Bewertung sprachlichen Handelns ableiten lassen. Eine einzelne sprachliche Handlung eines Sprechers Sp1 wird als Sprechakt bezeichnet, der in Form eines Äußerungsaktes (ÄUS) in einer natürlichen Sprache verwirklicht wird. Diese Kommunikationssituation ist in den Rahmen der situativen Bedingungen der lokalen und temporalen Deixis eingebettet. ÄUS beinhaltet dabei sowohl die lautliche Äußerung als auch die formale, d.h. die Verwendung von Worten und Sätzen. Ein Sprecher Sp1 begeht einen illokutionären Akt (ILLOK)[54], indem er einen Äußerungsakt begeht: ILLOK→ÄUS. Bezogen auf die illokutionären Akt FRAGEN ergibt sich: FRAG→ÄUS (gelesen: ein Sprecher begeht einen Äußerungsakt, indem er einen illokutionären Akt vollzieht). Für jeden illokutionären Akt gelten Handlungs- bedingungen, wie soziale Rollenbeziehungen, Anlässe, Wünsche und Erwartungen - fälschlicherweise angenommene Handlungsbedingungen führen oft zum Mißlingen sprachlicher Handlung. Seiner Intention, dem illokutionären

---

[53] Der Unterschied ist folgender: Regeln gelten für mehrere Sprachen und deren Benutzung. Konventionen gelten z.B. im Französischen „Je promets" und im Englischen „I promise" für die jeweilige Sprache und ihre spezielle Ausformung (cf. Searle 1971, S.59).

[54] Austin gab Sprechakten, die aus Referenz und Prädikation bestehen und somit vollständig sind, den Namen >>illokutionäre Akte<<. Die Differenz, die Searle von

Zweck, folgend wählt der Sprecher einen ILLOK, durch den er einen illokutiven Effekt erzielen will. Ist die Intention von Sp1 ′etwas in Erfahrung bringen′, wählt er den ILLOK der Frage. Die illokutionäre Rolle einer Frage, die man an den illokutionären Indikatoren abliest, kann natürlich unter verschiedenen Zielsetzungen differieren. Mit beiden ÄUS „Hast Du eine Zigarette?" und „Warum hast Du immer noch eine Zigarette?" vollzieht Sp1 den ILLOK der Frage. Trotz der unterschiedlichen illokutionären Rollen beinhalten sie die identischen sprachlichen Elemente „Du" und „Zigarette". Dies entspricht in Searles Terminologie dem propositionalen Akt, der sich aus Referenzakt und Prädikationsakt zusammensetzt.

> »Illokutionäre und propositionale Akte sind [...] dadurch charakterisiert, dass Wörter im Satzzusammenhang in bestimmten Kontexten, unter bestimmten Bedingungen und mit bestimmten Intentionen geäußert werden.« (Searle 1971, S.41f)

Die Referenz im obigen Beispiel ist ein in einem Dialog anwesender Sp2, an den der Sprechakt gerichtet ist. Die Prädikation ist die ihm zugeordnete Information. Die Proposition wiederum ist z.b. das, um das im Akt des Bittens gebeten wird. Der Ausdruck einer Proposition durch den Sprecher ist darüber hinaus immer mit dem Vollzug eines ILLOK verbunden. Neben dem ILLOK besteht eine weitere Form sprachlicher Handlung, der perlokutionäre Akt (PERLOK). Er unterscheidet sich insofern, als er die hörerseitige Zustandsveränderung - z.B. des emotionalen Zustandes - zum Ziel hat. Ist die von Sp1 intendierte Wirkung bei Sp2 eingetreten, spricht man vom perlokutionären Effekt. Ereignet sich die intendierte Zustandsveränderung nicht, ist

---

Austin in Gebrauch von illokutionärer und lokutionärer Akten herausstellt, wird hier nicht ausdiskutiert (Searle 1971, S.40).

der PERLOK nicht zustande gekommen. Er wird also in erster Linie durch die Reaktion bei Sp2 vollzogen.

»Whereas the illocutionary act is confined to the speaker´s utterance, the perlocutionary includes certain consequential effects upon the feelings, thoughts or actions of the audience.« (Beyer 1994, S.172)

Mit dem ÄUS „Ich warne dich vor Vaters Brutalität" intendiert Sp1 den PERLOK VERUNSICHERN, indem er den ILLOK WARNEN vollzieht. Wenn bei Sp2 die Verunsicherung in Form einer Reaktion nachvollziehbar wird, kann das Urteil über den perlokutionären Effekt und somit über den Vollzug der PERLOK gefällt werden. Bezüglich der Unsicherheit über das Gelingen eines PERLOK gibt es allerdings oft berechtigte Zweifel. Da die Beurteilung des Gelingens eines perlokutionären Aktes gleichzeitig eine interpretierende Handlung von Sp1 ist, kann er keine letzte Gewißheit über die intendierte Wirkung erlangen. Hier kristallisiert sich bereits ein maßgeblicher Vorteil bei der Untersuchung von Sprechhandlungen in den Dialogen des dramatischen Textes gegenüber denen der Alltagskommunikation heraus. Denn inwiefern ein intendierter PERLOK vollzogen ist, wird durch den vorgeschriebenen Verlauf der Kommunikation bereits vorgegeben. Die in der Sequenz folgende Handlung bzw. Sprachhandlung stellt klar, inwiefern ein perlokutionärer Effekt eingetreten sein muß. Das im vorhergehenden Absatz eingeführte Beispiel eines Sprechaktes wird in der Terminologie folgendermaßen dargestellt: PERLOK→ ILLOK→ÄUS. Es wird hier von einer »indem-Relation« gesprochen, die durch den Pfeil verdeutlicht wird. In der Umkehr wird die duale Spaltung dieser Relation in eine konventionelle ´gilt als´ - ÄUS gilt als BITTE - und eine kausale Variante ´führt dazu, dass´ ILLOK (BITTE) führt zu einer Verunsicherung von Sp2 vorgenommen. Die Formulierung ´führt zu´ leitet dabei den perlokutionären Effekt ein. Die kommunikative Funktion der ÄUS, ihre illokutionäre Rolle, kann man an einer Reihe sprachlicher Mittel festmachen, wie an der syntaktischen Eigenschaft der ÄUS, also am Vorhandensein bestimmter kleiner Füllwörter, etwa DOCH, MAL, EBEN, an formelhaften Ausdrücken, wie ACH; SEI DOCH MAL SO NETT und BITTE und nicht zuletzt an der Intonation (die bei einem geschriebenen Text allerdings nur schwer zu vernehmen ist). Dies sind Indikatoren der illokutionären Rolle oder Illikutionsindikatoren. Besteht kein konventioneller Zusammenhang zwischen ÄUS und ILLOK, kann Sp2 die sprachliche Handlung, die dann als Hinweis oder Andeutung zu bezeichnen ist, nur mit Hilfe von ihm eingebrachter Vorkenntnisse und vorherige kommunikative Erfahrungen verstehen. Doch selbst aus solchen uneindeutigen Sprechakten resultieren nicht immer Mißverständnisse. Denn oftmals kann im Theatertext die illokutionäre Rolle einer Aussage aufgrund des Textumfeldes und des Charakters der Rollenfigur abgeleitet werden.

Versuche, Sprechakte zu klassifizieren, existieren inzwischen mehrfach.[55] In vielen pragmatischen Arbeiten werden die Searlschen Klassifikationsvorschläge diskutiert, modifiziert und verfeinert (cf. Schmachtenberg, 1982 S.53 und Giese 1992, S.14). Ulkans Fallstudie weist auf einige wichtige Aspekte wie z.b. Überschneidungsfreiheit und Inklusionsfreiheit hin, die bei der Searlschen Klassifikation nicht impliziert sind (Ulkan 1992, S. 138). Ulkan spricht im Sinne Searles jedem Sprechakt einen Anteil repräsentativer, direktiver, kommissiver, expressiver und deklarativer Komponenten zu. Dass das Hauptaugenmerk dabei auf das primär verfolgte illokutionäre Ziel gelegt wird, mag für ihre Klassifikationsbemühungen von großer Bedeutung sein. Nutzen kann diese Ausblendung der pejorativ als „irgendwelche" klassifizierten weiteren illokutionären Ziele jedoch in der Praxis kaum, da in einem Dialog immer wieder echte polyintentionale Sprechakte vorkommen. Grundlage dieser Arbeit ist die von Searle vorgenommene Unterteilung. Zum einen geschieht dies aufgrund der sekundären Relevanz, die der Klassifikation im Rahmen dieser Arbeit zukommt, zum anderen würde eine weitere Reflexion zur Klassifikation den Rahmen und die Zielsetzung dieser Arbeit bei weitem übersteigen.

Neben den beschriebenen direkten Sprechakten existieren die indirekten Sprechakte. Sp1 beabsichtigt mit einer ÄUS, dass Sp2 das Geäußerte versteht und dies in einer Reaktion zeigt. Dieser Effekt gilt allerdings nicht nur für direkte Sprechakte. Andeutungen, Anspielungen und natürlich auch stilistische Kommunikationsvarianten wie 'Ironie' oder 'Metapher' bringen einen weiteren Aspekt in die Kommunikationssituation mit ein, in dem Satzbedeutung und Sprecherintention von einander abweichen (cf. Searle 1985, S.51). Wenn Sp1 allerdings einen Sprechakt vollzieht, in dem er das ausdrückt, was er sagt, »aber darüber hinaus noch etwas mehr meint« (Searle, ebd.), wird dies im Rahmen dieser Arbeit 'Polyintentionalität' genannt.[56]

»In Fällen wie diesem kann ein Satz, dessen Indikator der illokutionären Rolle auf einem bestimmten Typ von illokutionärem Akt hinweist, geäußert werden, um zusätzlich einen illokutionären Akt eines andern Typs zu vollziehen.« (Searle 1985, S.51)

---

[55] cf. Searle (1980), Ballmer, Th.T. (1979), Beck (1980), Cornelissen (1985) oder Ulkan (1992).

[56] 'Polyintentionalität' ist ein nur für die Beschreibung der Intentionsebenen des dramatischen Dialogs verwendeter Begriff (cf. Kapitel 3.2.4) (cf. Schulz von Thun (1981).

Dabei besteht die Möglichkeit, mit der weiteren Illokution einen anderen propositionalen Gehalt einzubeziehen. Neben der existierenden Konventionalisierung indirekter Sprechakte, die es dem Sprecher erlaubt, das Zusätzliche des indirekten Sprechaktes zu verstehen, bedarf Sp2 auch der Fähigkeit, Schlüsse zu ziehen.[57] Diese Voraussetzungen für das Verständnis sind im Rahmen dieser Arbeit von zweifacher Bedeutung. Zum einen muß untersucht werden, inwiefern Searles Aussage (cf. Searle 1985, S.87) zu den illokutionären Absichten des Autors, die nach Schmachtenberg »unmittelbare Äußerungen eines Autors an einen Rezipienten sind« (Schmachtenberg 1982, S.8) und inwiefern deren Verhältnis zu den Absichten der dramatischen Figuren im literarischen Text in das Konzept des indirekten Sprechaktes einzupassen sind. Zum anderen ist herauszustellen, dass die indirekten Sprechakte bei der Rezeption bzw. Interpretation durch den Schauspieler ausschlaggebend sind. Analog zu Zilligs Ausführungen über die Rekonstruktion von Sprecherintentionen (Zillig 1994), muß der Darsteller den primären und sekundären ILLOK differenzieren können, um den Sprechakt richtig, d.h. der Rollenintention gemäß, vollziehen zu können (cf. Searle 1985, S.54). Aufschluß bietet glücklicherweise oft die sprachliche Reaktion der weiteren Rollenfiguren, die dem überwiegend dialogischen Text der Szenen in den Dramentexten zu entnehmen sind. Zu unterscheiden ist zwischen singulären, d.h. kommunikationsinitiierenden Sprechakten, wie BITTEN und sequenzabhängigen, d.h. kommunikationsaufgreifenden Sprechakten, wie EINE BITTE ABSCHLAGEN.

---

[57]So ist ein sprechhandlungsbezeichnendes Verb TADELN nicht in der ÄUS „Rauchst Du schon wieder" zu finden. Im situativen Kontext des „rauchen ist gesundheitsschädlich" kann es aber als nahezu konventionalisiert angesehen werden.

Romane und Theaterstücke unterscheiden sich in ihrer Fiktionalität von Zeitungsartikeln oder Gebrauchsanweisungen. Das gilt ebenso für die in diesen Textsorten transportierten Behauptungen, Feststellungen, Erklärungen und Intentionen. Immer wieder liefert die Sprechakttheorie Ansätze, um die fiktionale Kommunikation zu analysieren.

»Damit kommen wir zur Crux unseres Problems: Miss Shanahan [Verfasserin eines nicht-fiktionalen New York Times Artikels] trifft eine Feststellung und Feststellungen sind durch die Regeln definiert, die für das Feststellen konstitutiv sind; aber was für eine illokutionären Akt kann Miss Murdoch [Verfasserin eines fiktionalen Textes] vollziehen? Wie kann es sich insbesondere um eine Feststellung handeln, da doch keine der einschlägigen Regeln eingehalten wird?« (Searle 1985, S.85)

Geht man, wie Searle, davon aus, dass die illokutionären Akte bei fiktiven und nicht-fiktiven Texten die gleichen sind, muß eine andere Erklärungsebene beschritten werden. Ein gewolltes und offensichtliches Täuschungsmanöver wird angenommen, in das Autor wie Rezipient eingeweiht sind. In dieser Kommunikationsenklave wird vom Autor vorgegeben, »uns eine Folge von Ereignissen zu berichten« (Searle 1985 S.87). Die kollektive Akzeptanz des „Als-Ob" (cf. Courtney 1990 a.a.O.) sichert dabei sowohl das Gelingen der Kommunikation wie auch die lückenlose Eingliederung des *fictional discourse* in die Sprechakttheorie. Die Begründung auf der Annahme von Konventionen zu fußen, scheint in Anbetracht des Anteils, den Fiktion - in Form von Lektüre oder künstlerischer Unterhaltung - seit jeher im Alltagsleben ausmacht, unzureichend. Eine solche Begründung reicht erst recht nicht aus, um die in den vorhergehenden Kapiteln vorgestellten Schauspieltheorien zu

70

begreifen, die eine weitaus intensivere Beziehung zwischen Kommunikation und Fiktion manifestieren als Searle und andere sie sehen.[58]

Zusammenfassend kann festgestellt werden, dass die Analyse eines Sprechhandlungsmusters unter drei Kriterien durchzuführen ist: *die kommunikative Absicht* bzw. *der illokutionäre Zweck, die Handlungsbedingungen* und *die Spezifizierung aller Äußerungsformen*. Das Herausfiltern des illokutionären Zwecks wird durch den größeren Zusammenhang der Sprechhandlungssequenz vereinfacht. Die Handlungsbedingungen sind durch die Vorlage des dramatischen Textes zum großen Teil vorgegeben. In ihm sind die Beziehungsstruktur von Sp1 und Sp2 festgelegt, sowie die der Sprechhandlung zugrunde liegenden Bedürfnisse und die Problemlage der Rollenfiguren. Bezüglich der Äußerungsformen muß festgestellt werden, dass dem Sprecher im realen Dialog eine Auswahl verschiedener funktional äquivalenter ÄUS zur Verfügung stehen. Die Probensituation ermöglicht dem Darsteller ebenso experimentelles Austauschen äquivalenter Sprechakte, um der im dramatischen Text vorgegebenen Variante näher zu kommen.[59] Diese Annäherung impliziert das Außerkraftsetzen der Austinschen Annahme, diese Sprechakte seien »unernst«. (Austin 1972, S.14). Grundlegend daran beteiligt ist

---

[58]Wohl muß über eine graduelle Klassifizierung der Transparenz von Fiktion ins Auge gefaßt werden, die z.B. abstrakte Bildhauerei von naturalistischem Theater zu trennen vermag.

[59]Auf der anderen Seite kann es »verschiedene nicht-synonyme illokutionäre Verben geben, durch die sich eine gegebene Äußerung charakterisieren läßt« (Searle 1971, S.112). Es ist also davon auszugehen, dass mit einer sprachlichen Struktur stets mehrere kommunikative Funktionen realisiert werden können und »umgekehrt ein bestimmter Sprechakt mit Hilfe unterschiedlicher sprachlicher Mittel zu vollziehen ist« (Schmachtenberg 1982, S.31) Die Proben dienen dazu, mit Hilfe der Improvisation die vorgegebenen Sprechakte nachvollziehen zu können und bei Bedarf durch andere zu ersetzen, die die Szenensituation stärker hervorbringen.

die Umkehrung der Fiktionalität, die die Bühnenwirklichkeit für den Darsteller zur Realität werden läßt und insofern auch die von Searle aufgeführten Bedingungen immer noch erfüllt. Bedingungen, Fiktionalität und Objektbezug der Wirklichkeit$_{drama}$ müssen daher eingehend untersucht werden.

3.2.2 Bedingungen für Sprechakte

Die Sprechakttheorie beschreibt eine sprachliche Handlung nach den Kriterien der situativen Bedingungen, nach der Sprecherabsicht und nach der Äußerungsform. Die Handlungen werden nach Regeln vollzogen. Die Kenntnis dieser Regeln ermöglicht den Sprechern überhaupt erst Kommunikation und den Wissenschaftlern die Untersuchung der Sprechakte. Die Regeln werden durch Bedingungen manifestiert, anhand derer die Intentionen von Sprachhandelnden analysiert werden können.[60] Die von Searle aufgestellten Bedingungen müssen nun für die vorliegende Arbeit auf ihre Aussagefähigkeit bezüglich Wirklichkeit$_{drama}$ untersucht werden. Searle geht davon aus, sie - die Aufführung – „hebe[...] die normalen Bedingungen auf, die durch diese Regeln geschaffen sind" (Searle 1985, S.88). Es ist also zu beweisen, dass jede »Bedingung [...] dabei eine notwendige Bedingung für den erfolgreichen und vollständigen Vollzug des Versprechensaktes [ist], und die Gesamtheit dieser Bedingungen

---

[60]Ausgenommen im Rahmen dieser Arbeit sind dramaturgische Texte des Absurden Theaters. »Eine dramatische Handlung, Intrigen fehlen dem „Antitheater", da zudem auf die traditionellen Requisiten des Dekors weitgehend verzichtet, zeitlich und örtlich nicht festzumachen ist.[...] Der Einakter „La cantatrice chauve"(1950), der als erstes Stück Ionescos Wegweiser für das absurde Theater wurde, lebt von grotesken Gegensätzen: Der Titel hat mit dem Inhalt des Stückes nichts zu tun, die Unterhaltungen verbinden die Personen nicht, sondern trennen sie und entlarven sie in ihrer Isoliertheit« (Stuckmann 1986, S.112f).

72

[...] eine hinreichende Bedingung für einen derartigen Vollzug [bildet]« (Searle, 1971, S.84)[61]. Die von Searle anhand des Beispielsprechaktes VERSPRECHEN aufgestellten Bedingungen werden als grundlegende Kriterien aufgefaßt und behandelt.[62] Die Grenzen des von Searle gewählten Beispiels werden jedoch deutlich, wenn Wunderlich ausführt, »dass Searles Theorie [...] schließlich in eine Sackgasse geriet; es konnten keinerlei klare Kriterien entwickelt werden, wie man feststellen kann, welche Sätze welche Sprechaktkonzepte ausdrücken.« (Wunderlich 1976, S.157).

Bevor die erste Bedingung, »1. Es herrschen normale Eingabe- und Ausgabe-Bedingungen« untersucht wird, muß kurz auf folgende Aussage Searles Bezug genommen werden.

> »I contrast ‚serious' utterances with play acting, teaching a language, reciting poems, practising pronunciation etc.; and I contrast ‚literal' with metaphorical, sarcastic etc.« (Searle 1969, S.57)

Dieses Zitat verdeutlicht die Sonderstellung, die Searle dem Schauspiel zugedacht hat. Bei der Aufführung des dramatischen Textes handelt es sich durchaus um ein Spiel, an dem allerdings nicht nur die auf der Bühne beteiligten Schauspieler teilnehmen. Auch das Publikum ist ein Teil der Inszenierung und befindet sich innerhalb einer unabhängigen, in sich funktionierenden Welt, in der die erste Bedingung wiederum volle Gültigkeit besitzt. Ausschlaggebendes Kriterium für die Erfüllung ist, dass der Schauspieler als Rollenfigur sich in einer 'wirklichen Situation' befindet. Diese, also nur für den Betrachter fiktive,

---

[61] Die im folgenden wiedergegebenen Glückensbedingungen stammen aus Searle (1971).

[62]»Wenn diese Analyse über den Spezialfall des Versprechens hinaus allgemeingültig ist, so müßten die von uns getroffenen Unterscheidungen auch für

73

Welt ist für den nach ´Method-Ausbildung´[63] arbeitenden Akteur real. Stanislawski beschreibt die Problematik mit folgenden Worten.

»Man kann sich zwar den fremden Wünschen und Anordnungen eines Dichters und des Regisseurs fügen und sie mechanisch ausführen, aber erleben kann man nur eigene, authentische Wünsche, geboren und verarbeitet vom Schauspieler in sich selber, nach eigenem Wollen und nicht nach fremden.[...] Mit einem Wort - erleben kann man nur seine eigenen echten Gefühle.« (Stanislawski 1999, S.61)

Durch das Erleben und die von Stanislawski postulierten Entfiktionalisierung werden quasi nachträglich die von Searle postulierten Bedingungen wiederhergestellt und für den Darsteller wie für das Publikum »serious« (Searle 1969, S.57). Denn die Nichterfüllung eines Versprechens im Rahmen des Theatertextes hat für den Darsteller in seiner Welt wirkliche, wenn auch inszenatorisch generierte Konsequenzen. Courtney spricht in diesem Zusammenhang vom Vertrauen, das den Sprung von Wirklichkeit$_{real}$ zu Wirklichkeit$_{drama}$ ermöglicht und so der ersten Bedingung Gültigkeit verschafft.

»In order for an act to function in a genuinely dramatic way, however, it has to engage the trust of two or more players.« (Courtney 1990, S.32)

Durch die Verifizierung der ersten Bedingung, gelten auch die folgenden Bedingungen zwei bis sechs. Natürlich geht es hier um die generelle Konstituierung der Bedingungen für die Wirklichkeit$_{drama}$, die die Gleichheit der sprachlichen Wirklichkeiten verdeutlichen soll. Vorausgesetzt wird, dass in der dramcninternen Kommunikation vom Autor beabsichtigt fehlgeschlagene und

---

andere Arten von illokutionären Akten gelten. Dass dies in der Tat zutrifft, wird, glaube ich, bereits eine kurze Betrachtung zeigen.« (Searle 1971, S.99)

unvollständige Sprechakte miteinbezogen werden. In diesem Zusammenhang müssen auch die Bedingungen zwei bis sechs gesehen werden.

»2. In der Äußerung von T drückt S die Proposition aus, dass p. «

»3. Indem S ausdrückt, dass p, prädiziert S einen zukünftigen Akt A von S. «

»4. H würde es lieber sehen, wenn S A ausführt, als wenn er es unterläßt, und S glaubt, dass es H vorziehen würde, wenn S A ausführt, als wenn er dies unterläßt. «

»5. Es ist weder für S noch für H selbstverständlich, dass S A beim normalen Gang der Dinge ohnehin ausführen würde. «

»6. S beabsichtigt A zu tun. «

Die Aufrichtigkeitsbedingung sechs wird - ebenso wie Bedingung vier - im Rahmen inszenatorisch motivierter Sprechhandlungen angezweifelt. Es wird angenommen, der Schauspieler habe durchaus nicht die Absicht, einen im dramatischen Text festgelegten Akt A zu tun. Auch hier muß auf die oben bezeichnete Wirklichkeit$_{drama}$ der fiktiven Welt rekurriert werden. Denn Schauspieler S in der Rollenfigur R muß durchaus die Absicht verfolgen, die Handlung zu vollenden, sonst würde die Inszenierung zum Erliegen kommen. Auch kann es sich nicht um eine Art der unaufrichtigen Täuschungshandlung gegenüber dem Zuschauer handeln, da dieser in der dramaturgischen Welt gar nicht existiert.

Es muß jedoch klar getrennt werden zwischen der Absicht des Schauspielers und der ´ver-wirklichten´ Absicht der Rollenfigur. Die Unterscheidung zwischen dramatischem Sprechakt SA$_{drama}$ und realem Sprechakt SA$_{real}$ ist ebenso wie bei einer Täuschung äußerlich kaum zu unterscheiden. In Anlehnung an Gieses Beispiel ´A ist nicht zu Hause´ (cf. Giese 1992, S. 2f.)

---

[63]Im Jargon der Schauspieler bezeichnet das die Schauspielausbildung nach Strasberg.

kann konstatiert werden, dass diese Feststellung im dramaturgischen wie im realen Dialog identisch ist. Auch hat sie im dramatischen Dialog den gleichen dialoginternen Wirklichkeitsbezug. Denn die Rollenfigur A kann ebenso wie die reale Figur A nicht zu Hause sein. So wäre die ÄUS im dramatischen Dialog ebenso eine Täuschung wie im realen Beispiel.

»7. S beabsichtigt, sich mit der Äußerung von T zur Ausführung von A zu verpflichten. «

»8. S beabsichtigt, (i-I) bei H die Erkenntnis (K) zu bewirken, dass die Äußerung von T als Verpflichtungsübernahme von S zur Ausführung von A gilt. S beabsichtigt, K durch die Kenntnis von (i-I) zu bewirken, und S beabsichtigt, dass (i-I) aufgrund von Hs Kenntnis der Bedeutung von T erkannt wird. «

Auch Bedingung sieben und daraus folgend Bedingung acht, die den illokutionären Zweck festlegt, gilt es unter Stanislawskis Begründung der ersten Bedingung zu verstehen. Die eingegangene Verpflichtung in der Wirklichkeit$_{drama}$ ist weder Täuschung noch Unaufrichtigkeit; es sei denn sie ist vom Textverlauf, also dialogintern, als solche zu verstehen.

»9. Die semantischen Regeln des Dialekts, den S und H sprechen, sind von solcher Beschaffenheit, dass T korrekt und aufrichtig nur dann geäußert wird, wenn die Bedingungen 1)-8) erfüllt sind. «

Für Bedingung neun gilt im Weiteren auch, dass die drameninterne Dialektzuordnung durchaus mit dem Ziel, gerade diese Bedingung für Kommunikation nicht zu erfüllen als Stilmittel, z.B. bei Boulevardkomödien, eingesetzt wird. Darüber hinaus ist diese Bedingung ebenso wie die oben diskutierten durch die 'Ver-wirklichung' der Bühnensituation gegeben. Wie sich also zeigt, können Searles Bedingungen für das vorliegende Vorhaben ohne Probleme angewandt werden. Da die Argumentation aber unvollständig ist, wenn die Wirklichkeit$_{drama}$ nicht grundlegend als schauspieltheoretisch unabdingbar dargestellt werden kann, wird sie in den folgenden Ausführungen kritisch untersucht.

3.2.3 ´Fiktion´, ´Referenz´ und Wirklichkeit$_{drama}$

»Es ist immerhin eine merkwürdige, sonderbare und erstaunliche Sache an der menschlichen Sprache, dass sie die Möglichkeit von Fiktion überhaupt zuläßt. (Searle 1985, S.88)

Der in der Wirklichkeit$_{real}$ vollzogene Sprechakt DROHEN ist mit dem in der Wirklichkeit$_{drama}$ vollzogenen identisch. Er folgt den gleichen sprachlichen Regeln und hat seine ´normale´ Bedeutung (cf. Searle 1985, S. 86). Die fiktionale Qualität, die ihn unterscheidbar macht, liegt in der Textsituation, die der Autor kreiert. Ein Sprechakt wird insofern fiktional, als er als vom Autor *nachgeahmt* (ebd.) oder als *pretended* (Searle 1975, S. 324) klassifiziert wird. Die Schwäche dieser Erklärung wird von Klemm ganz deutlich formuliert (cf. Klemm 1984, S.155-169).[64]

»Aber wie soll man in Analogie zu Searles Nachahmung des Vollzugs einer Behauptungshandlung ganz allgemein die Handlung des Bewegens des kleinen Fingers nachahmen? Es scheint jedenfalls unsinnig zu sein zu sagen: man ahmt die Handlung des Bewegens des kleinen Fingers nach, indem man den kleinen Finger bewegt. Denn das würde nichts anderes besagen, als dass man eine Handlung eines bestimmten Typs, nämlich des Typs ´den kleinen Finger bewegen´, ausführt.« (Klemm 1984, S. 156)

---

[64]Frappierend ist bei den zu Rate gezogenen Werken, dass Aussagen über den theaterseitigen Umgang mit Fiktion und Wirklichkeit getroffen werden, ohne auf spezifische schauspieltheoretische Ansätze zu reflektieren.

Sehr deutlich wird in diesem Zitat, dass Searles Erklärung nicht ausreicht. Denn die Frage, inwiefern der Darsteller die von Klemm beschriebene Handlung als soziales Individuum ausführt und inwiefern er aufhört dieses zu sein und nur noch in der Identifikation mit der Rollenfigur auf der Bühne steht, muß dringend beantwortet werden, um die Frage der Nachahmung zu klären.

»Es scheint zwar für beliebige Handlungen zu gelten, dass man vorgeben kann, sie auszuführen; es gilt aber nicht für jede Handlung, dass man ihren Vollzug nachahmen kann [...] - ohne die Handlung zu vollziehen..« (Klemm 1984, S. 157)

Diese Problematik greift die in dieser Arbeit referierte Stanislawski-Methodik auf, die bereits seit den 60er Jahren in den USA und Europa bekannt war. Warum Searle sich nicht mit ihr auseinandersetzt, um zu einem neuen Verständnis des Verhältnisses Theater-Nachahmung zu kommen, ist nicht nachvollziehbar. Denn so bleibt die Searlsche Argumentation in der Annahme gefangen, der Schauspieler sei sich die ganz Zeit über der Fiktionalität und somit der 'Vorgabe' bewußt. [65]

»Dramatische Texte liefern uns einen interessanten Spezialfall für die These, die ich in diesem Kapitel vertrete. Hier ist es nicht so sehr der Autor, der etwas vorgibt, sondern die handelnden Personen bei der realen Aufführung. Das heißt: Der Text des Stücks besteht aus einigen Scheinbehauptungen, aber in erster Linie besteht er aus ernsthaften Anweisungen für die Schauspieler, wie sie sich anstellen sollen, wenn sie vorgeben, Feststellungen zu treffen und andere Handlungen zu vollziehen. Der Schauspieler gibt vor, jemand anderes zu sein, als

---

[65] „The blair witch project", ein Lowbudget Film aus den USA (1999; Drehbuch, Regie und Schnitt Eduardo Sanchez & Daniel Myrick) zeigt deutlich, wie einfach dieses theoretische Verständnis von Wirklichkeit und Fiktion zu unterminieren ist. Die Bereitstellung einer Internetpage, die die Teilnahme an der Suche nach den in der Wirklichkeit$_{drama}$ vermißten Studenten ermöglicht, wird der Rezipient Teil der Wirklichkeit$_{drama}$. Darüber hinaus bietet die Bereitstellung von fiktivem historischen Material in Form von Dokumenten und Chroniken einen schnelleren weil leichteren Einstieg in die Wirklichkeit$_{drama}$. (cf. www.blairwitch.com)

er in Wirklichkeit ist, und er gibt vor die Sprechakte und anderen Handlungen dieser Person zu vollziehen.« (Searle 1982, S. 91)

Auch Klemm bezieht die bestehenden Aussagen moderner Schauspielmethodologie nicht ein. Wenn sie am Beispiel »Schmerzbenehmen« (Klemm 1984, S. 158f) den Searlschen Begriff der Täuschung diskutiert, zeigt sich in ihrem dritten Fall (ebda, S.159), dass sie davon ausgeht, der Schauspieler empfinde die Schmerzen nicht wirklich. Hier liegt die Crux von Schauspiel und Fiktion auf der Bühne. Die angestrebte Wirklichkeit$_{drama}$ nach Stanislawski impliziert, dass der Schmerz gefühlt wird, indem die Erinnerung an einen persönlich erfahrenen, ähnlich gelagerten Schmerz aktiviert wird - der Vollzug konstitutiver Teilhandlungen einer Gesamthandlung reicht also nicht aus. Dies ist die Voraussetzung für die Verschmelzung von Wirklichkeit$_{real}$ und Wirklich-keit$_{drama}$ und der Grund für die Re-introduktion der 'vertikalen Regeln' (cf. Klemm 1984, S. 159), die für nicht-fiktive Kommunikation gelten. Insofern muß über Klemms Ausführungen (ebd., S. 160) über den Wahrheitsgehalt der assertorischen Propositionen hinausgegangen und das 'Vorgeben' (ebda, S. 165) seitens des Schauspielers durch das 'Erleben' ersetzt werden.[66] Vor diesem Hintergrund muß man auch die von Chisholm beschriebene 'Referenz auf das Selbst' als für die Wirklichkeit$_{drama}$ gültig ansehen (Chisholm 1992, S. 15).[67] Der Darsteller referiert auf sich als 'Kohlhaas' oder 'Hamlet'. Das wird zusätzlich dadurch unterstrichen, dass die biographische Vorbereitung nach Stanislawski in der ersten Person verfaßt wird. Insofern sind die vom Darsteller zugeordneten

---

[66]Auch neuere Ansätze wie die von Clark (1996) gehen noch von dieser Form des 'Vorgebens' aus.

[67]Während bei der Rollenanalyse noch eine »Er-selbst«-Relation (Chisholm 1992, S. 36f) besteht, fällt diese durch die totale Identifikation während der Aufführung weg. Meinungen, verstanden als Aussagen de dicto, werden so zu Meinungen de re durch die schauspielseitige Akzeptanz der Darsteller und des Publikums.

Propositionen in bezug auf eine weitere Rollenfigur als wahr und als vom Darsteller als Rollenfigur in der Wirklichkeit$_{drama}$ im ontologischen Sinn gemeint anzunehmen (cf. Chisholm 1992, S. 30).

Die Aufhebung der Fiktion wird im weiteren von zweierlei Richtungen betrieben. Auf der einen Seite steht der Autor, der die fiktive Welt und den in ihr stattfindenden Dialog zwar verfaßt, aber in der Aufführung in der Regel nicht als Teil dieser Situation erlebt. So dürfen dann auch die formulierten Sprechakte »keineswegs als vom Autor herrührend aufgenommen werden [...]« (Szondi 1970, S.15). Klar vorgegeben wird auch der Weg, den der Schauspieler wählen muß, um selbst die Fiktionalität der Bühnenhandlung hinter sich zu lassen.

»The reality you create on the stage by threading a needle and sewing, or cleaning your glasses and putting them on, is not created so that the audience will believe in you; it is created so that you will believe in yourself. Histrionic acting is when you yourself are convinced of the truth of what you are doing.« (Adler 1990, S.15)

Der Übergang mit Hilfe von Objekten, die sowohl in der Wirklichkeit$_{real}$ als auch in der Wirklichkeit$_{drama}$ existieren, macht diese Grenzüberschreitung einfach und schwierig zugleich.

»´Nicht-existierende´ Gegenstände gelten in der Regel als ´fiktive´ bzw. (auf Rede- und Texthandlungen bezogen) als ´fiktionale´ Gegenstände. Dass es Literatur geradezu auszeichnet, Fiktionalität zu dokumentieren, indem wir in ihr ´nicht-existierende´ Gegenstände (´Undinge´) vorfinden, dass sie mithin als eine ´Als-Ob-Textwelt´ darstellt, deren Konstitutionsgrund Referenzsuspendierung ist und damit ihr Wirklichkeits- und Wahrheitsanspruch obsolet wird, ist immer noch eine vorherrschende Position ihrer Klassifizierung.« (Nendza 1992, S.15)

Diese ´Klassifizierung´ muß überdacht werden. Denn, dass ein Gegenstand seine Existenz in der Fiktion und der Realität gleichzeitig in sich tragen kann, sieht Courtney ganz deutlich.

»Nor is it the case that every actual object has two sets of properties - properties that describe fictional objects within fiction, and those that describe them in the actual world. This view is difficult to maintain in everyday experience, where we work from two perspectives: first from dramatic action, where objects are always known to be real even if they are assumed; and second, from modern logical analysis, where the actual world cannot be kept out of fiction - fiction often includes „mixed sentences" that combine actual and fictional elements.« (Courtney 1990, S.18)

Die reale Aufführung hat im Zusammenspiel von Autorenvorgabe, schauspielerischer Ver-wirklichung und bidirektionaler Objektklassifikation eine weitergehende Zielsetzung. Schon bevor Aristoteles die ´Katharsis´ als eine der Funktionen dramatischen Handelns verstand, war die starke Wirkung dramatischen Bühnenhandelns auf den Zuschauer bekannt. Das Postulieren dieses direkten perlokutionären Effektes setzt voraus, dass der Zuschauer so sehr in die Wirklichkeit$_{drama}$ eingebunden werden kann, dass er davon überzeugt ist, die Rollenfiguren haben das, was Grice als ´common purpose´ und ´cooperative principle´ definiert hat (zit. nach Gu 1993, S.173). So wird auch zuschauerseitig die Fiktionalität und nicht die vertikale Regelhaftigkeit der Sprechakte suspendiert.

3.2.4 ´Intention´ und dramatischer Dialog[68]

>>Wer einem anderen zu verstehen gibt, dass er eine bestimmte Intention hat, der gibt ihm damit auch zu verstehen, dass er selbst glaubt, dass er eine Intention hat.<< (Ulkan 1992, S.148)

Sprechen ist im Rahmen der Sprechakttheorie seit Searle als >>a form of intentional, rule-governed behaviour<< (Harnish 1990, S. 169) verstanden worden. Als Intention ist die Absicht, eine bestimmte Handlung auszuführen, zu erfassen. Sie ist die Motivation für die Handlung. Ob das intendierte Ziel erreicht wird, ist dabei nicht konstitutiv für den Vollzug einer Handlungs- intention.

>>Als intentional (und damit als Handeln) gilt ein Verhalten nicht nur dann, wenn es vom Ausführenden tatsächlich beabsichtigt war, d.h. mit Blick auf das Ergebnis oder eine der damit verbundenen Folgen vollzogen wurde, sondern auch dann, wenn es von anderen Beteiligten (oder von dem berühmten „teilnehmenden Beobachter") bzw. vom Ausführenden im Nachhinein selbst als beabsichtigt interpretiert werden kann.<< (Giese 1992, S. 17)

Der Dialog im dramatischen Text enthält ebenfalls Sprecherintentionen. Zu unterscheiden auf der Textseite sind die Intention des Autors, der Rollenfigur und auf der Aufführungsseite die des Regisseurs und des Darstellers. Wenn überhaupt, können nur die Intentionen der Rollenfigur rekonstruiert werden, ohne in den Bereich der literarischen Interpretation zu gelangen. Die Intention des Autors, von Searle als im Text enthaltene Botschaft (Searle 1982, S. 97) beschrieben, kann nur indirekt über das Verständnis des Textes erarbeitet werden. Ebenso interpretativ muß mit der Inszenierungsintention des Regisseurs verfahren werden. Hinzu kommt allerdings, dass der Darsteller während der Aufführung zwei Intentionsebenen bedient. Auf der einen Seite muß er die Vermittlung der Regisseurintention leisten, auf der anderen die der Rollenfigur. Die den Zuschauer erreichende Bedeutung ist also ein Konglomerat aus verschiedenen Intentionsebenen.

»Just as, when we examine the novel, we must remember the perspectives of the writer and reader together with the meaning they share, so we must use a conceptional framework for dramatic action that ephasizes particular kinds of meaning: those of players and their intention, of any audience, and of possible meanings created between them.« (Courtney 1990, S. 19)

Im Verlauf der Proben strebt der Darsteller eine Art Intentionsübernahme der Rollenfigur an. Die Auseinandersetzung mit dem Text bringt analytisch die einzelnen Intentionen hervor. Ebenso wie bei der Konstituierung der Referenzen in der Wirklichkeit$_{drama}$, gilt hier die Rollenintentionen zu ´verwirklichen´. Die Entfiktionalisierung steht in einem bilateralen Verhältnis zu diesem Prozeß. Insofern als sie durch die ´Ver-wirklichung´ der Rollenintentionen hervorgebracht wird, stützt sie gleichzeitig die Identifikation des Darstellers mit den Rollenintentionen. Weit weg von Laborsätzen wie sie in der Sprechakttheorie verwendet werden, muß die Intentionsrekonstruktion einer Rollenfigur alle Beziehungen zu der entworfenen Wirklichkeit$_{drama}$ berücksichtigen. Um diese Komplexität zu beschreiben sei der Begriff der *Polyvalenz*

---

[68]Um Mißverständnissen vorzubeugen sei hier vermerkt, dass die Wahl des Wortes nicht ganz analog zu Searles Verständnis folgt. Die Verwendung im Rahmen dieser Arbeit schließt sich an Zilligs (1994, S. 131) Ausführungen an.

einer Intention verwendet.[69] Das Beispiel des überholenden Autofahrers, der seine Absicht dem Vordermann per Lichthupe vermittelt, wobei er den Entgegenkommenden blendet, verdeutlicht, dass mehrere Intentionsebenen angenommen werden müssen. Denn die Rollenfigur (der Überholte) im dramatischen Text hat zwei Intentionen: einmal eine innerhalb des Dialoges an einen Dialogpartner - der zu Überholende - und eine durch den Text als Vorlage zur dramatischen Umsetzung durch den Autor/Rollenfigur an das Publikum - der Entgegenkommende - gerichtete. Giese beschreibt diese Polyvalenz als die »WOBEI RELATION« (Giese 1992, S. 18). Der Zusammenhang der Intentionen ist zwar kausal, aber, und das ist wichtig, vom Agenten nur partiell kontrollierbar.

> »In unserem Beispiel ist es Teil der faktischen Handlung, dass Max den entgegenkommenden Fahrer blendet; dies muß aber nicht Teil seines Handlungsplans gewesen sein. Andererseits kann es Teil von Maxens Plan gewesen sein, seiner Emma zu imponieren, ohne dass dies zur faktischen Handlung gehören muß.« (Wunderlich 1976, S. 37)

Die Frage nach Intentionen - besonders in fiktionalen Texten - schließt immer wieder die Anzweiflung der Aufrichtigkeit des Sprechers mit ein.[70] Giese spricht davon, dass der maßgebliche Unterschied zwischen Lüge[71] und

---

[69] Die »komplexeren Intentionen«, auf die Wunderlich abhebt (Wunderlich 1976, S.99) werden hier nicht berücksichtigt, da eine Ausführung ihrer institutionellen Bedingtheit über den Rahmen dieser Arbeit hinausgeht.

[70] „The contributions [...] make it evident how profoundly the analysis of „pretending to communicate" has to be involved with *ethical* attitudes, not as they are studied and judged by an autonomous philosophical discipline but as they are intrinsic *mental* and *behavioral* features of a specific kind to be taken into account by the pragmatics of communication." (Parret 1993, S.VIII).

[71] Cf. Kutschera:»Den Begriff Wahrheit durch den der Übereinstimmung zu erklären, bedeutet also, einen dunklen Begriff durch einen noch dunkleren zu erklären.«

84

wahrhaftiger Behauptung der der Intention des Sprechers und seiner Einstellung zum Wahrheitsgehalt seiner Aussage ist (cf. Giese 1992 S.3). Gestellt werden muß die Frage, ob die Sprechakte im dramatischen Dialog vorgegeben (Searle 1982, S.91) oder ob die Aufführung als bewußte Täuschung (deception bei Parret) angelegt ist. Bereits im vorherigen Kapitel wurde verdeutlicht, dass es sich nicht um *Vorgeben* im Searlschen Sinn handeln kann. Hier geht es darum, ob die Aufführung, also die Intentionsebene des polyvalenten Sprechakt eine Täuschung im Sinne einer Lüge ist. Während Austin noch von einer Täuschung, einer ´deceptive intention´, ausging, haben neuere Sichtweisen dieses Verständnis als zu einfach deklariert.

>>*Pretending* in communication, and even *of* communication, is psychologically more complex and subtle than is deception.[...] On the one hand „pretending to communicate" is not *miscommunication*, and on the other, it is not *lying*. Certainly „pretending to communicate" has more to do with *manipulation* and *seduction*.« (Parret 1993, S. XIII und S. XV)

In diesem Sinne definieren auch Castellfranchi/Poggi ´LÜGEN´.

»Deception is here defined as an action or omission aimed at misleading other people´s knowledge, either preventing someone from knowing what we know, or letting someone believe what we do not believe.« (Castellfranchi 1993 S. 267)

Lügt der Schauspieler den Zuschauer an, wo er doch genau weiß, dass er nicht x tun wird, auch wenn er es sagt? Nach traditionell sprechakttheoretischem Verständnis muß die Frage bejaht werden. Wie die Ausführung schauspiel-

---

(Kutschera 1975, S. 75). Der Begriff ´Lüge´ wird im Folgenden im Sinne Platons verstanden.

methodischer Wirklichkeitsumsetzung allerdings zeigen wird, ist eine solche Antwort zweifelhaft.

Geht man von dem Verständnis aus, der Darsteller gebe nur vor, einen ILLOK auszuführen und intendiere keinerlei Effekt so muß dieses Verständnis auch für den PERLOK gelten. In der Tradition der Sprechakttheorie kann ein dramatischer Dialog keinerlei PERLOK enthalten, da niemals ein perlokutionärer Effekt beim Sp2 eintritt. Umgangen wird diese Problematik, wenn man, wie Gu, den PERLOK aus der Betrachtung herausnimmt (cf. Gu 1993, S. 174). Allerdings gilt, dass »[in] theory the two can be abstracted for the sake of linguistic analysis and for methodological convenience; in practice they are not separate and inseparable« (Gu 1993, S. 188).

Die von Zillig beschriebene Nicht-Konventionalität perlokutionärer Effekte (Zillig 1982, S.321) wird durch den dramatischen Text negiert. Im Dialog des fiktionalen Diskurses wird die Entscheidungsfreiheit des Sp2 dadurch völlig aufgehoben, dass der Effekt vorgegeben ist. Inwiefern der Probenprozeß dem Darsteller doch die Möglichkeit läßt, in der Improvisation die Nicht-Konventionalität auszuüben, um sich dann auf die vorgegebene Reaktion festzulegen, ist in Kapitel 3.1.2 untersucht worden. Die Anwendung des Method-Acting ruft genau die vom Autor gewünschten perlokutionären Effekte beim Darsteller hervor.

>»Once the actions and behavioral choices have been determined, you should then be ready to make a total commitment, and submit yourself not to words, but to the situation.« (Manderino 1985, S. 134)

Sowohl Sp1 als auch Sp2 sind in der Unmittelbarkeit der Kommunikationssituation und erleben gezielt die von den Sprechakten hervorgerufenen Emotionen (Zillig 1982, S. 320). Die verschiedene Intensität und graduelle Abstufung der Sprechakte und der korrelierenden Effekte, z.B. im Aufschaukelungsprozeß eines Streitgespräches (cf. Zillig 1982, S.318) müssen mit den *choices* während der Proben in Einklang gebracht werden. Wichtig ist, dass die Proben hier nicht dem *'Einspielen'* der Situationen, sondern als kreativer Zeitraum zur Wiederentdeckung und Wiederbelebung der in der Wirklichkeit$_{real}$ individuell erlebten perlokutionären Effekte dienen. In bezug auf den perlokutionären Effekt auf der Kommunikationsebene des Publikums kann bezüglich der Searlschen Glückensbedingungen von sprachlichem Handeln Folgendes festgehalten werden:

1. Das Publikum kann aufgrund der Verschiedenheit der in der Menge der Individuen existierenden perlokutionären Effekte nicht als Rezipient generalisiert werden.

2. Die Aufführung und die darin enthaltenen Sprechakte können sehr wohl perlokutionäre Effekte auslösen und werden bei einer Befragung vielleicht sogar dem Autor zugeschrieben. Aber die Auswirkungen der perlokutionären Effekte wie Sympathie o.ä. werden nur in Bezug zu den Rollenfiguren - in bestimmten Fällen auch zu den Darstellern - gesetzt.

Es ist beispielsweise der Schauspieler Gielgud[72], der uns gefällt in einer Aufführung und nicht Hamlet. Gielgud werden, nach dem die Wirklichkeit$_{drama}$ aufgelöst ist, die Emotionen entgegengebracht, die sich während der Aufführung durch die Rollenfigur 'Hamlet' entwickelt haben.[73]

---

[72] Sir John Gielgud, englischer Schauspieler *1904.

[73] Ich selbst habe dieses Phänomen bei einer Aufführung von Max Frisch 'Andorra' (1993) an den Städtischen Bühnen Münster erlebt, die am Tag der ersten Brandstiftung in einem Asylantenheim in Deutschland stattfand. Die von mir dargestellte Figur eines an die NS-Zeit angelehnten Soldaten rief im Publikum starke Reaktionen hervor, die sich beim Abschlußapplaus zeigten. Die Buhrufe galten nicht der schlechten Darstellung, dafür war sie zu kurz, sondern dem Unmut über aktuelles rechtsradikales Handeln der Wirklichkeit$_{real}$.

»The person speaking isn't always the one whose intentions are being expressed. The clearest examples are in fictional settings: John Gielgud plays Hamlet in a performance of *Hamlet;* Vivien Leigh plays Scarlett O'Hara in *Gone with the wind;* Frank Sinatra sings a love song in front of a live audience[...]. The speakers are each vocalizing words prepared by someone else - Shakespeare, Cole Porter [...] - and are openly pretending to be speakers expressing intentions that aren't necessarily their own.« (Clark 1996, S.5)

3.3 Fiktionaler Dialog im dramatischen Text[74]

»Es ist wichtig, darauf zu verweisen, dass der Zuschauer beim Verstehen der Sprachhandlungen der dramatischen Personen nicht allein auf jene linguistisch faßbaren Indikatoren angewiesen ist, die John R. Searle ‚illocutionary force' genannt hat. Wenn ein Protagonist etwa in der dritten Szene des Dramas eine Frage stellt, auf die er schon in der zweiten Szene eine explizite und ihn offenbar befriedigende Antwort erhielt, dann schließt das Publikum, dass hier mit der Syntax und der Intention der Frage eine ganz andere Sprachhandlung vollzogen wird: etwa ein Vorwurf, eine Täuschung anderer Protagonisten oder gar eine Behauptung. Im Prozeß der Rezeption eines Dramas fügen sich also die im Verstehen vorgängiger Sprachhandlungen der Protagonisten gewonnenen Erfahrungen zu einem Sinnhorizont zusammen, der Voraussetzung des Verstehens der sich jeweils gerade auf der Bühne vollziehenden Sprachhandlungen ist und darüber hinaus zur Grundlage der dem Publikum möglichen Prognose über folgende Sprechhandlungen wird.« (Gumbrecht 1976, S.346)

Der dramatische Dialog hat eine zweifache Leistung zu erbringen. Auf der einen Seite vermittelt er die Handlung, auf der anderen manifestiert er erst die Umstände, die die Handlungen der Rollenfiguren hervorbringen. Mit Ausnahme der Einführung eines Erzählers in die Wirklichkeit$_{drama}$ wird also die temporale und lokale Deixis, sowie die Charaktere der Rollenfiguren indirekt über den Dialog mitgeteilt. Inwiefern es sich hierbei eben nicht um Behauptungen im Sinne 'dass p' (cf. Klemm 1984, S.11) handelt, ist in den vorhergehenden Kapiteln geklärt worden.

»Beim fiktionalen Reden haben wir es mit einer Abfolge von vorgetäuschten (d.h. Schein-) Sprechakten zu tun, gewöhnlich vorgetäuschten

---

[74] Ohne es weiter ausführen zu können, wird im Weiteren die Unterscheidung zwischen fiktiv und fiktional, wie sie bei Klemm (1984, S.9f) zu finden ist, übernommen.

Asservativen, und weil der Sprechakt nur vorgetäuscht ist, sind die Wort-auf-Welt-Verpflichtungen des normalen Asservativs hinfällig. Der Sprecher ist auf

die Wahrheit seiner fiktionalen Behauptungen nicht in der Weise festgelegt, in der er auf die Wahrheit seiner normalen Behauptungen festgelegt ist.« (Searle 1987, S.36)[75]

Dieser Negierung der Verpflichtungen steht das Selbstverständnis der Theatertheoretiker entgegen, die genau die publikumsseitige Annahme dieser ´direction of fit´ intendieren.[76]

»Bei Kortner, dem dramaturgischen Regisseur, der, dem Worte verschworen, stets Gedanken und Gefühle, niemals Zitate inszeniert, wird der bekannteste, der allzu vertraute und abgegriffene Text so gesprochen, als ob er im Augenblick geprägt würde. Der Zuhörer nimmt am Entstehen des Dialoges Teil, er nimmt Anteil.« (Drews 1961, S.65)

Die Divergenz zwischen ästhetisch bereinigtem, dramatischem Dialog und Alltagssprache wird z.T. bewußt gering gehalten (cf. Cornelissen 1985, S.100).[77] Auch Kasics sieht nicht die »Imitation« oder das »Fingieren« als Zielsetzung fiktionaler Rede, sondern die »Identifikation mit dem Sendersubjekt« (Kasics 1990, S.35). Die Untersuchung dialogischer Strukturen fokussiert ihre Analyse daher weniger auf das »Wortmaterial [...] der Dialog-

---

[75] Cf. Schmachtenberg 1982, S. 61.

[76]»Die Annahme, literarische Texte bestünden grundsätzlich aus Behauptungen, welchen lediglich die eigentliche Behauptungsfunktion, d.h. der Wahrheits- oder Referenzanspruch abzusprechen sei, weil sie „fingiert" vollzogen würden, ist zwar verbreitet, aber deswegen nicht eher haltbar.« (Kasics 1990, S.34)

[77]Der von Cornelissen manifestierte Nicht-Übertragbarkeit der Normen und Erscheinungsformen realer Dialoge muß hier widersprochen werden. Denn aus der Vielfalt der realen Sprechakte ergibt sich erst die Wahlmöglichkeit des Autors, der nicht seine eigenen Sprechakte niederschreibt, sondern die der voneinander unabhängigen individuellen Dramenpersonen. Die „Selbstregelung" etc. (ebda, S.101) wird also vom Autor gleich mit in den Dialog aufgenommen. Daher müssen diese Vergleiche zwischen realen und fiktiven Sprechakten unbedingt stattfinden.

reden [...] als auf das Handeln der Personen durch Sprache" (Berghahn, 1970, S.57).

»Jede Untersuchung eines Dramas muß daher die Spannung zwischen Abbildung und Nicht-Abbildung einerseits als Verhältnis des Dargestellten zur Wirklichkeit, andererseits als Element der Kommunikation zwischen Autor und Publikum aufzeigen, wobei eine unterstellte Wirklichkeitsnähe der Dramenwelt einer Hintansetzung der Kommunikationspartner 'Autor' und 'Publikum' Vorschub leisten wird, während 'Wirklichkeitsferne' eher den Eindruck erwecken kann, der Autor habe den Figuren ihre Reden „in den Mund gelegt".« (Cornelissen 1985, S.18)

Dramatischer Dialog steht immer unter dem Aspekt der Raffung, der Schaffung einer erhöhten Realität, da die Darstellung einer Situation in ihrer realen Zeitausdehnung viel zu lange andauern würde. Insofern ist der Dialog dem Zeitverhältnis zwar indirekt enthoben,[78] allerdings nur in der dramaturgischen Hinführung auf den dramatische Höhepunkts des Stücks hin. Der dramatische Höhepunkt selbst wird nahezu in Echtzeit wiedergegeben.[79] Trotzdem muß der Theaterdialog den gleichen Konventionen wie die alltägliche Kommunikation folgen, um Referenzen, Objekte etc. sicher transportieren zu können. Für den Darsteller gilt in der vorbereitenden Auseinandersetzung mit dem Dialog, dass er sich den Worten zuletzt widmet. Eigentlich wird nicht erwartet, dass er sie lernt, sondern dass sie sich aufgrund der drameninternen

---

[78]Meyer (1983, S.22ff) spricht in diesem Zusammenhang vom »'situationslosen' Text«. Zweierlei muß als Denkanstoß in Kürze genügen: die Situationslosigkeit ist höchstens insofern gegeben, als verschiedene Inszenierungen natürlich verschiedene fiktive Orte und Zeitpunkte in der Geschichte der Menschheit wählen können und 2. Selbst eine textliche Anweisung wie „Irgendwo, Jetzt" wird die Situationslosigkeit dadurch genommen, dass eine Inszenierung per se an einem festgelegten Ort stattfindet.

[79] Jedoch kann auf die zeitweiligen Extravaganzen theatraler Inszenierung hier nicht näher eingegangen werden (vgl. Cornelissen 1985, S.20).

Situationen, die in der Probe entwickelt werden, ergeben. Nur wenn nötig, wird der Text durch das Lernen der richtigen Formulierungen korrigiert.

„The actor is close to the character when unaware of what line comes next. – The verbal actor is concerned about the character's next line and plans the way it should be said.[...] The actor creates the reality of the circumstances and environment and permits that reality to condition the words and the sounds." (Manderino 1985, S.128)

Schmachtenberg geht in erster Linie von einer Divergenz zwischen dramaturgischer Kommunikation und Alltagssprache aus. Die möglichen Abweichungen stellen allerdings nicht den Handlungscharakter des fiktionalen Dialogs in Frage.

»Auch hier [in der innerfiktionalen Sprechsituation] verfügen die Figuren über die gleiche lokale und temporale Deixis und agieren miteinander, als ob sie an die Rahmenbedingungen sprechakttheoretischer Regeln gebunden seien. Sie handeln gemäß den Glückensbedingungen für erfolgreiche Sprechakte und bedienen sich konventionell erwartbarer Interaktionsformen, die mit bestimmten Handlungsobligationen verbunden und in gewissem Maße durch Illokutionstypen präformiert sind.« (Schmachtenberg 1982, S.8)

Austins Überlegungen zum dramatischen Text (Austin 1972, S.42) als unmittelbare Äußerung des Autors an den Rezipienten sind insofern unvollständig, als sie nur eine Kommunikationsebene des literarisch dramaturgischen Dialogs einbeziehen. Erst durch die Kommunikation der Rollenfiguren auf der Bühne teilt sich möglicherweise ein einzelner Sprechakt mit, der dem Stück als 'Moral' oder 'Leitmotiv'[80] zugeordnet werden kann. Bachtin spricht in diesem Zusammenhang von einer hybriden Konstruktion, in der ein Sprechakt zwei

---

[80] Die Schauspieltheorie verwendet u.a. die Begriffe „Overall Action" oder „Ruling Idea" (Adler 1990, S.38) oder (Boleslavsky 1989, S.62), die deutsche Übersetzung Stanislawskis bezeichnet es als „durchgehende Handlung"(Stanislawski 1999, S.15).

Horizonten angehört, die sich »in einer hybriden Konstruktion kreuzen, und sie (die Unterteilung) hat folglich einen doppelten in der Rede differenzierten Sinn« (Bachtin 1979, S.195). Die durch die Hybridisierung erfolgte Modifikation der propositionalen und illokutionären Akte, wie Bachtin sie annimmt, muß aber keineswegs die Referenzialisierung negieren. Insofern entfällt die Senderperspektivität keineswegs, wie Kasisc behauptet (Kasics 1990, S.34). Vielmehr muß ein Mittelweg zwischen der von Searle geforderten tatsächlichen Existenz und der fiktionalen aber wirklich gemachten Existenz der Referenzobjekte festgehalten werden. So kann der Sprechakt von Dürrenmatts ´Besuch der alten Dame´ lauten: ´Ich empfehle Dir darauf hin, dass du sollst nicht falsch aussagen sollst´ oder ähnlich. Die gesamten Sprechakte des dramatischen Dialogs drücken aber aufgrund der Polyintentionalität mitunter ganz andere illokutionäre Zwecke aus, die nicht im Leitmotiv enthalten sind.

In der Vermittlung eines dramatischen Textes werden nach Schmachtenberg zwei Ebenen bemüht.

> Die zwischen Autor und Rezipient - äußeres Kommunikationssystem (Ebene N4)
> Die zwischen den Figuren des Dialogs - inneres Kommunikationssystem (Ebene N1), die eingebettet ist in 1.

Schmachtenberg setzt vier Kommunikationsebenen N1-N4 an. N1 entspricht in ihrer Anlage und Gewichtung einer Alltagskommunikationssituation eines Sprechers Sp1 und eines zweiten Sprechers Sp2. N2 ist das System des „vermittelnden Erzählmedium[s]" (Schmachtenberg 1982, S. 10), welches jedoch in dramatischen Texten nicht zutage tritt. Ebene N3 dient der Herangehensweise der Interpretation, indem sie auf ein theoretisch existierendes »Subjekt des Werkganzen« abhebt (Schmachtenberg 1982, S. 9). Den tragenden Rahmen bildet Ebene N4, die in ihrem Aufbau die Übermittlung der Autorintention an einen konkreten Rezipienten in Form des Lesers oder Zuschauers zum Gegenstand hat.[81] Aus diesem Aufbau folgt eine klare Absage an die These, Sprechakte im fiktionalen Text als unmittelbare Aussage eines Autors an einen Rezipienten zu verstehen. Denn abgesehen von der völligen Abwesenheit konkreter Handlungsanweisungen seitens des Autors an den Rezipienten läßt auch die Kommunikationssituation zwischen beiden keine unmittelbaren Sprechakte zu. Diese Schlußfolgerung wird durch andere sprachtheoretische Kommunikationsmodelle unterstützt. Wie bei Clark, der in seinem Modell den äquivalenten Begriff der »all listeners« oder »eavesdropper« einsetzt. »*Eavesdroppers* are those who listen without the speakers awareness« (Clark 1996, S. 14).

»Aus der Mittelbarkeit des Kommunikationsvorgangs in dramatischen Texten und den Einbettungsrelationen des innerfiktiven Figurendialogs wird ersichtlich, dass es sich im Drama auf der Kommunikationsebene N4 nicht um einen Austausch von Sprechakten handeln kann.« (Schmachtenberg 1982, S. 10)[82]

Ebenso wie Schmachtenberg den Fokus der Interpretationsbemühungen auf die innerfiktive Ebene N1 lenkt, indem er die Analysierbarkeit des fiktiven Dialogs im Theatertext herausstellt, wird im Rahmen dieser Arbeit die sprecherseitige Annahme des fiktiven Dialogs als zur Wirklichkeit$_{real}$ gehörig exponiert. Die Funktion der Deixis fällt dabei zusammen mit der von Stanislawski und Strasberg postulierten Identifikation des Schauspielers mit der Rolle. Denn die in der fiktiven Welt entworfene Wirklichkeitsreferenz gilt auch und

---

[81] Inwieweit eine weitere Kommunikationsebene angenommen werden muß, die die Kommunikation der Regisseurintentionen durch die spezifische Wahl der Aufführungsform aufgreift, kann im Rahmen dieser Arbeit nur gestreift werden.

94

ganz besonders für den Schauspieler. Die raum-zeitliche Einordnung des dramatischen Textes muß in ihrer Defizität vom Schauspieler gefüllt werden, um so eine noch intensiveren Angleichung bis hin zur Überlagerung von fiktiver und realer Welt zu erreichen.[83]

>[Es ist] aus heuristischen Gründen bisher davon ausgegangen worden, dass die Identifizierung eines Sprechaktes (Proposition und zuzuordnende illokutive Funktion) relativ unproblematisch und intuitiv aufgrund der Sprachkompetenz und des Alltagswissens eines Sprechers erfolgt.« (Schmachtenberg 1982, S. 30)

Nachdem die Klärung der relevanten sprechakttheoretischen Begriffe geleistet ist, gilt es, ein schauspiel- und sprachwissenschaftliches Interesse verbindendes Modell auf Schmachtenbergs Annahmen zu erstellen. Die forschungsleitende Frage nach den Fehlleistungen wird so vor dem Hintergrund der durch die Sprechakttheorie entwickelten Kommunikationsmodells gesehen, dessen legitime Anwendbarkeit in den obigen Ausführungen verdeutlicht wurde.

3.4 Analoge Verfahren der Sequenzierung [84]

Ziel des hier entwickelten Modells ist es, eine sprechakttheoretische Bewertung schauspieltheoretischen Umgangs mit Sprechakten zu leisten. Die

---

[82]cf. Bachtin (1979, S. 154-251), der Searles Behauptung der monologischen Sprechaktäußerung seitens des Autors mit dem dialogischen Prinzip widerlegt.

[83] Schmachtenberg macht zweifelsfrei deutlich, dass die Problematik der Fiktionalität nur interdisziplinär erörtert werden kann(Schmachtenberg 1982, S.3f).

[84] In den folgenden Ausführungen wird deutlich, dass einzelne Begriffe der Sprechakttheorie leicht modifiziert werden müssen. Die Freiheit dies zu tun nimmt sich der Autor u.a. aufgrund der von Bremerich-Voß bereits 1981 vorgebrachten Kritik, dass

Redekonstellation - das Verhältnis der Sprecher zueinander - muß sowohl vom Schauspieler in seiner Rollenvorbereitung, als auch vom Linguisten in seiner Sequenzanalyse beachtet werden. Hieraus erklären sich Sequenzarten und Folgestrukturen des dramatischen Dialogs (cf. Betten 1976, S. 284ff). Für den Schauspieler sind die linguistischen Gliederungssignale ebenso von Bedeutung, da sie Informationen liefern über das Erfüllen und Nicht-Erfüllen von illokutionären Zielen, bzw. das Erreichen perlokutionärer Effekte.

»Als Sinn von Sprechakten werden ihre Konsequenzen verstanden, die Veränderungen die sie bewirken: Veränderungen in den Bereichen Kognition, Emotion und Motivation von Individuen und Veränderungen (Erzeugen bzw. Erfüllen) von Interaktionsbedingungen zwischen Individuen. Veränderungen der letzten Art werden im besonderen Maße als sequenzbildend angesehen.« (Kendziorra 1976, S. 357)

Dieses Kriterium hat auch Schmachtenberg aufgenommen.

»Eine charakteristische Eigenschaft von Sprechakten ist es, bestimmte hörer- und sprecherseitige Obligationen zu erzeugen, bzw. zu erfüllen, wobei die mit einem Sprechakt etablierten hörerseitigen Verpflichtungen in besonderem Maße als sequenzbildend anzusehen sind.« (Schmachtenberg 1982, S. 18)

Schmachtenberg unterscheidet zwei Muster der Sequenzbildung. Auf der einen Seite steht der Obligationsansatz. Die in einem Sprechakt implizierten Verpflichtungen geben den folgenden Sprechakt vor oder schränken zumindest die Varianten bis zur Voraussagbarkeit ein - Frage-Antwort oder Gruß-Gegengruß.[85] Deutlich wird bei einer solchen Untersuchung allerdings, dass nur

---

es sich bei dem von Searle entwickelten Modell nicht um ein endgültiges Regelwerk handeln kann (cf. Bremerich-Voß 1981, S. 85f).

[85] Sicherlich kann auf eine Frage auch mit einer Gegenfrage geantwortet werden. Dies ist aber bei einem um Fortsetzung der Kommunikation bemühten Sprecher nicht anzunehmen.

wenige rigide Sprechaktmuster bestehen und die Fortsetzungsmöglichkeiten eher das Merkmal 'offene Muster' tragen.

Auf der anderen Seite steht der Strategieansatz. Auch er basiert auf der Feststellung, dass der Intention eines Sprechers folgend nicht syntaktische Einheiten maßgeblich sind, sondern die Länge eines Sprechaktes als basale Einheit angesehen werden muß. Zur Verwirklichung von komplexeren Interaktionszielen, die mehrere Sprechakte benötigen, muß der Sprecher eine Strategie entwickeln.

»Die potentiellen Handlungsalternativen bei einer optionalen Sequenz lassen sich dann unter Berücksichtigung des dominanten Interaktionsziels und unter Einbeziehung der komplexen Voraussetzungssituation als strategisch 'gute' bzw. 'schlechte' Züge beurteilen.« (Schmachtenberg 1982, S. 21)

Die Bestimmung des Sprechaktes als basale Einheit der Analyse impliziert eine Hierarchie, in der übergeordnete Diskurseinheiten komplexere Kommunikationssituationen wiedergeben.[86] So müssen z.B. Sprechakte mit gleichem illokutionärem Zweck, die im Verlauf strategischer Kommunikation vollzogen werden, auf der nächst höheren Ebene zusammengefaßt werden. Die angestrebte pyramidengleiche Hierarchisierung gipfelt in einem abstrahierenden Terminus, der die größte sinnvolle Zusammenfassung von Diskurseinheiten darstellt.

»Bezogen auf die Ausgangsfrage nach der Bestimmung einer solchen übergreifenden kommunikativen Funktion, kann als wesentliches Kriterium eine Hierarchie von Handlungszielen und -teilzielen verschiedener Reichweite

---

[86] Elliptische Sätze und Slogans, die auch im gesäuberten Dramendialog vorkommen, verlangen nach einer gesonderten Untersuchung, die im Rahmen dieser Arbeit nicht geleistet werden kann.

angenommen werden, die gleichsam durch Amalgamierung von Einzelillokutionen im Kontext zu rekonstruieren wären.« (Schmachtenberg 1982, S.27)

Dem Sprechakt übergeordnet wird der „Redebeitrag" oder „turn"[87]. Er steht für eine Folge von Sprechakten eines Sp1 mit gleichem dominanten Handlungsziel. Die innerhalb des Redebeitrages auftretenden Akte können dabei durchaus strukturell gegliedert sein, z.b. um einem übergeordneten Handlungsziel schrittweise näherzukommen. Nicht vergessen werden darf aber in diesem Zusammenhang, dass der Redebeitrag von Sp1 durchaus durch Sprechakte des Sp2 unterbrochen werden kann. Gemeint sind nicht nur expressive Ausdrücke als Reaktion auf den Inhalt oder den Zweck der ÄUS von Sp1, sondern vor allem vollständige Sprechakte im Sinne Searles. Dieser Umstand ist so nicht in den vorausgegangenen Forschungen aufgegriffen worden, jedoch von zentraler Bedeutung. Denn bei strategischer Kommunikation muß davon ausgegangen werden, dass der illokutionäre Zweck nicht gleich mit dem initiativen Sprechakt erreicht wird, respektive der perlokutionäre Effekt des dominanten Handlungsziels nicht mit dem ersten Sprechakt gelingt. Also muß Sp1 weitere Sprechakte anschließen, die ebenfalls dem übergeordneten Ziel - z.B. ÜBERREDEN - dienen und somit Teil des einen Redebeitrags sind.

Der dadurch hinzukommende Sprecherwechsel wird allerdings erst in der folgenden Abstraktionsebene berücksichtigt. Um im Weiteren auch mit dem von Schmachtenberg entlehnten Modell operieren zu können, muß also die obige Modifikation eingebracht werden, die diese im Diskurs unterbrochenen

---

[87] Diese Bezeichnung findet sich, laut Schmachtenberg, bei Sacks, H. u.a. (1974) »A Simplest Systematics for the Organisation of Turn-Taking for Conversation« In: Language 50, S. 696-735.

Redebeiträge erlaubt, ohne mit der nächstfolgenden Hierarchieebene - der Sprechaktsequenz - zu kollidieren. Die entsprechende Abwandlung soll durch die Indizierung ´Redebeitrag$_{mod}$´ kenntlich gemacht werden. Da keine allzu große Abweichung von der ursprünglichen Klassifikation vorliegt, soll diese Kenntlichmachung ausreichen.

Dem Redebeitrag$_{mod}$ übergeordnet ist die Sprechaktsequenz. Sie beinhaltet den eigentlichen Sprecherwechsel wie er im Rahmen der Sprechakttheorie definiert wird. Es erscheint ein Paradoxon zu entstehen, da der modifizierte Begriff des Redebeitrags$_{mod}$ bereits einen Sprecherwechsel impliziert.[88] Dieser Widerspruch löst sich allerdings auf, wenn man sich die unterschiedlichen Blickwinkel vergegenwärtigt: Die Darstellung einer Sprechaktsequenz geschieht auf einer der kommunikativen Situation enthobenen Ebene, die beide Sprecher in einer symmetrischen Relation zueinander begreifen läßt. Wohingegen die Einheit des Redebeitrag$_{mod}$ innerhalb der kommunikativen Situation der Wirklichkeit$_{drama}$ ansetzt und exklusiv die kommunikative Handlung eines Sprechers wiedergibt. Ohne diese mehrschichtige, umgestaltete Konstruktion aus den angeführten Gründen weiter im eng gesteckten Rahmen dieser Arbeit untersuchen zu können, wird nunmehr die obige Begriffsneubestimmung zugrunde gelegt.

Einfacher fällt die Einordnung der in der Hierarchie oben stehenden ´thematischen Einheit´(TE) aus. Unter ihr werden die thematisch kohärenten Sequenzen subsumiert. Allerdings fällt aufgrund des in der Hierarchie wachsenden Abstraktionsgrades die Bestimmung einer TE schwer. Darüber

---

[88]Schmachtenberg selbst hält die Antwort auf dieses Problem sehr vage, wenn er schlußfolgert: »Im weiteren wird daher innerhalb eines Redebeitrages einfach von einer nicht weiter spezifizierten Abfolge von Sprechakten gesprochen.« (1982, S.25)

hinaus kann die Länge der TE erheblich variieren und unter Umständen durch einen längeren Redebeitrag$_{mod}$ wie auch durch eine komplexere Sequenz abgegolten sein. Auch wenn Schmachtenberg von einer diffizileren Präzisierung spricht, soll in den folgenden Ausführungen dieser Arbeit mit Hilfe der Zuordnung zu schauspieltheoretischen und dramatisch-literarischen Einheiten eine klarere Einschränkung versucht werden.

Searle definiert den Sprechakt bekanntlich als kleinste Einheit der sprachlichen Kommunikation. (cf. Searle 1971, S. 30). Dem entspricht das in Kapitel 3.1.1 und 3.1.2 referierte schauspieltheoretische Verständnis der 'activity'. Sie ist die kleinste szenische Handlung, mit Hilfe deren die Intentionsrekonstruktion beginnt.

»Mastering the ability to break a script down into sections enables you to find the intentions with which a character is concerned. You can analyze the script with pin-point precision by knowing the line of dialogue that begins a section and the line on which the section begins to deminish or abruptly ends. Sections can be of varying lengths since an intention can be fulfilled in a very short time, or over a considerable period.« (Manderino 1985, S. 123)[89]

Die Intention gilt gleichermaßen als Motivation, die activities überhaupt auszuführen.

»A play is s sequence of various kinds of action. These in turn derive from the given circumstances of the scene, that is, those events and experiences which motivate the actor to do what he comes on stage to achieve.« (Strasberg 1988, S. 78)

Aufgabe des Schauspielers ist es, die in den Szenen gegebenen Interaktionsziele der Rollenfigur herauszufiltern und zu definieren. Dabei gilt: je genauer das Sprecherziel, um so greifbarer und um so eher ausführbar die Sprachhandlung. Auffällig ist die Parallelität zwischen den linguistischen SB-Ausdrücken und der durch Stanislawski und Strasberg eingeführten Verklausulierung der ´activities´. Der SB-Ausdruck ´JEMANDEN TADELN´ wird in genau der Form als Bezeichnung der ´activites´ eingeführt.

>>There are strong and weak actions. In order to be strong, an action needs an end, or objective. For example, I am going to leave the room. The room is the end of an action and the ending makes it strong. I am going to write. This is an action without an end and is therefore weak. If your action is „to go away", it is a weaker action than „to go home".<< (Adler 1990, S.35)

Die ´activities´ werden zusammengefaßt unter der ´scenic action´, die dem Redebeitrag$_{mod}$ parallel zu setzen ist. Sie ist das übergeordnete monothematische Handlungsziel einer Szene - wobei durchaus mehrere Handlungsziele innerhalb einer Szene denkbar sind. Denn ist ein Redebeitrag abgeschlossen, folgt der nächste in der dramatischen Logik des Dramentextes. Auch hier gilt: Je genauer die Redebeiträge thematisch und auf ihre emotionale Beziehung zur Rollenfigur im Text bezeichnet sind, desto leichter fällt dem Darsteller die Akzeptanz der Wirklichkeit$_{drama}$. Die Schauspieltheorie geht dabei ebenso mit einer kausalen Verkettung analog zu den sprechakttheoretischen ´Indem-Relationen´ vor. Als problematisch erweist sich - ganz besonders im Umgang mit indirekten Sprechakten - die fehlende phonetische Beschreibung der dramatischen Sprechakte, da ihre Nuancierung die Intentionsrekonstruktion und somit die Wahl des primären Sprechaktes stark beeinflußt.

---

[89]Die Bezeichnung ´sequences´ von Stella Adler ist synonym mit den von

In den vorhergehenden Kapiteln wurde die Anwendbarkeit sprechakttheoretischer Begriffe für die Aufführung dramatischer Dialoge klargestellt. Das hier eingeführte Modell zeigt die Parallelität von Linguistik und Schauspieltheorie im Umgang mit Sprechaktbestimmungen. Beides dient als Beweis für die sprachliche Identität zwischen der realen Kommunikationssituation und der des dramatischen Dialogs. Vor diesem Hintergrund kann nun die forschungsleitende Frage gestellt werden, warum in der Durchführung des dramatischen Dialogs den Sprechern (Darstellern) Fehlleistungen unterlaufen, die in der Alltagskommunikation nicht oder kaum vorkommen. Gefragt werden muß also nach den die Kommunikationssituation bestimmenden Eigenschaften. Inwiefern hat der Wechsel des situativen Kontextes, des Bühnenbildes und der Requisiten, Einfluß auf Aufführungsschwächen. Mangel an Konzentration aufgrund unzureichender Sprechaktbestimmungen oder das Ausbleiben der unterstützenden hörerseitigen Motivation (cf. Cornelissen 1985, S. 84) seitens des Kollegen können Fehlleistungen provozieren. Kapitel sieben findet Antworten auf den dortigen Hypothesekatalog und setzt sie in Beziehung zu dem hier entworfenen Modell.

Manderino benannten ´sections´.

4. Anlage und Methode der Untersuchung

Das Interesse der vorliegenden Arbeit entwickelte sich in vielen Gesprächen mit Schauspielerkollegen über die immer wieder auftretenden Fehlleistungen von Schauspielern bei Theateraufführungen. In der Reflexion bot sich eine Untersuchung an, die nicht auf naturwissenschaftliche respektive psychologische Aufklärung abzielt, sondern die auf der Nutzbarmachung einer Theorie der sprachlichen Handlung als Untersuchungsgrundlage rekurriert. Das im Rahmen dieser Arbeit entwickelte Erklärungsmodell soll nun mit den Ergebnissen der zuvor geführten Interviews zusammengeführt werden. Die durch die Befragung gewonnenen Beispiele verdeutlichen die Arten der Fehlleistungen und sollen der Auffindung möglicher Ursachen dienen.

Statistische Erhebungen werden in allen Forschungsfeldern zu verschiedensten Zwecken durchgeführt. Sie können z.b. bei der Falsifikation von Theorien, in der Biographieforschung oder bei statistischen Auswertungen des Status quo eines Untersuchungsobjektes förderlich sein. Anlaß zu dieser Erhebung unter Schauspielern war das bisherige Fehlen gesicherter empirischer Daten zum Lern- und Reproduktionsverhalten unter besonderer Berücksichtigung von Fehlleistungen. Die Sozialwissenschaften haben im Laufe ihrer Wissenschaftsgeschichte eine komplexe Methodologie entwickelt, die die Datenerhebung in unterschiedlichsten Bereichen und mit divergierenden Zielsetzungen ermöglicht. Neben den quantitativen Forschungsmethoden (z. B. Labor- und Feldexperimente, repräsentative Bevölkerungsuntersuchungen, Zeitreihen- und Ereignisanalysen etc.) (Fuchs-Heinritz u.a. 1994, S. 613f) haben sich auch die verschiedensten Arten von Befragungsmethoden etabliert. Aufgrund der fehlenden positivistischen Ausrichtung der qualitativen

Methodologie hat sich ein Streit um deren Rechtfertigung ergeben. Die Methoden der qualitativen Sozialforschung müssen sich dabei gegen den Vorwurf der fehlenden Wissenschaftlichkeit wehren, »obwohl gerade sie es sind, die das soziale bzw. kulturelle Handeln am ehesten erfassen können [...]« (Girtler 1988, S.9f). Wenn Girtler im Weiteren vom »Hang zur „Wissenschaftlichkeit" bzw. „Exaktheit"', der den quantifizierenden Methoden heute einen gewissen Vorrang einräumt« (Girtler 1988, S.10) spricht, wird deutlich, dass diese Diskussion ausführlicher geführt werden muß, als es im Rahmen dieser Arbeit möglich ist. Zur verkürzenden Klärung folgt daher die Gegenüberstellung einer Bestimmung der qualitativen Sozialforschung aus einem aktuellen Lehrbuch und einer Aussage eines der vehementesten Verfechter qualitativer Sozialforschung:

»Qualitative Sozialforschung hat kein feststehendes Repertoire an Datenerhebungs- und insbesondere Auswertungstechniken, und ihre Apologeten können sich kaum auf einen gemeinsamen Kanon verständigen. Wegen der Heterogenität der Gegenstände und Fragestellungen sowie der an sie angepaßten und nach ihnen gewählten Methoden sind Generalisierungen praktisch kaum zu leisten.« (Lamnek 1995, S.V)

Dieser kritischen Ansicht zu den Methoden der qualitativen Sozialforschung stehen eindeutige Parteinahmen für den Bestand dieser Untersuchungsmethoden gegenüber (cf. Girtler, 1988, S. 16).

Wenn also kein monolithisches, homogenes Konzept besteht, das die qualitative Sozialforschung in ihrer Gesamtheit greifbar macht, so sind die entwickelten Befragungsmodelle innerhalb der qualitativen Sozialforschung dennoch profund umrissen. Übertragen auf die Zielsetzung dieser Arbeit ergibt sich daraus, dass die zu erhebenden relevanten Daten nur durch qualitative Befragungen zu erhalten sind; insbesondere da es um die Darstellung typischer

Fälle von Fehlleistungen und nicht um deren Häufigkeit geht. Abgesehen von den das Interview einleitenden teilstandardisierten Fragen nach Ausbildung und Engagement, ermöglichte nur die Verwendung einer offenen Gesprächstechnik die stark variierenden individuellen Erfahrungen der Befragten zu eruieren und nutzbar zu machen.

4.1 Die Methodologie qualitativer Sozialforschung

Im Bereich des qualitativen Interviews gibt es fünf Befragungs-methoden, die sich in Planung, Zielsetzung, Durchführung und Auswertung stark voneinander unterscheiden: das narrative, das problemzentrierte, das fokussierte, das rezeptive und das Tiefen- oder Intensivinterview. Es folgt eine zusammenfassende Übersicht der für die einzelnen Methoden relevanten Kriterien. Sie macht die Auswahl der adäquaten Methode transparent.[90]

Der Zielsetzung der vorliegenden Arbeit entspricht nur das fokussierte Interview. Für die Durchführung eines solchen Interviews existiert ein Regel-katalog, der an dieser Stelle kurz aufgeführt sei:

1. Die aus einer vorhergegangenen Situationsanalyse gewonnenen Hypothesen werden dem Befragten nicht mitgeteilt. Er hat vielmehr die Möglichkeit, die für ihn ausschlaggebenden Erfahrungen im problematisierten Themenkomplex zu schildern. So wird gewährleistet, dass das Relevanzsystem des Betroffenen - und nicht das des Forschers - Grundlage der Untersuchung bleibt.

---

[90] Eine genaue Bestimmung der Interviewformen gibt (Lamnek 1995, S. 74ff).

2. Der Interviewer soll den Befragten zu Spezifikationen und Präzisierungen seiner Aussagen leiten, ihn zur Interpretation der eigenen Erlebnisse anregen.

3. Darüber hinaus muß der Interviewer neben den vom Befragten bewußt eingebrachten wertenden Kommentaren eine weitere Ebene ansteuern, auf der der Interviewte unbewußt über sich urteilt (cf. Merton/Kendall 1984, S.197). Die in den Punkten zwei und drei geforderte Explikation soll den Befragten über reine Beschreibungen seiner Erlebnisse hinausführen.

Der geschilderten Auswahl der Methode folgt die Umsetzung der notwendigen Voraussetzungen: die Entwicklung des Leitfadens und die Auswahl der Interviewkandidaten.

4.2 Entwicklung des Leitfadens

Die vorab aus einer Beobachtungsanalyse der spezifischen Situation hervorgegangenen Hypothesen sollen im Rahmen der Auswertung überprüft werden. Um auswertbare Ergebnisse zu erhalten, bedarf es der Formulierung eines Leitfadens, der die relevanten Themen und Aspekte beinhaltet. Der im Anhang beigefügte Leitfaden konnte zielgerichtet entwickelt werden, da der Autor dieser Arbeit ausgebildeter Schauspieler mit Bühnenerfahrung ist und somit die spezifische Situation »Fehlleistungen bei der Textreproduktion« selbst erlebt hat. Diese Konstellation ist nicht nur für die Erstellung des Leitfadens positiv zu berücksichtigen, sondern auch für die Position des Interviewers ausschlaggebend.

»Da er [der Interviewer] sich nicht auf einen Fragebogen stützt, bestenfalls einen Leitfaden hat, muß *der Befrager mit dem Gegenstand der Befragung weitestgehend vertraut sein,* er muß mitreden können. Zur Kenntnis des Gegenstandes kommt hinzu, dass er auch in der Lage sein muß, diesen in

106

Fragen und Anreize umzusetzen, um *den Befragten zum Sprechen zu bringen*. Dies kann nur gelingen, wenn er sich bei wissenschaftlicher Sachkunde ausreichend verständlich machen kann.« (Lamnek 1995, S. 67)

Der entwickelte Leitfaden wurde in drei Probeinterviews, die keinen Eingang in die Arbeit fanden, getestet und verbessert. Im Verlauf der Testinterviews stellte sich eine Zweiteilung des Leitfadens als sinnvoll heraus. Der erste Teil fragte die biographischen Informationen ab und diente als 'Aufwärmphase' für die nachfolgenden Erfahrungsberichte, während im zweiten Teil das fokussierte Interview begann. Das Hauptaugenmerk lag auf der Erhebung typischer Fälle von Fehlleistungen. Um den Befragten die Möglichkeit zur Explikation zu geben, wurde zuvor nach den individuell angewendeten Methoden des Lernens gefragt. Oftmals ist der Mangel an Vermittlung von Lernmethoden im Rahmen der Ausbildung kritisiert worden.[91] Die erinnerten Vorgehensweisen in der Vorbereitung sollten anschließend in Bezug gesetzt werden zu den früheren und den aktuellen Formen der Reproduktion auf der Bühne. In der Zusammenführung von Lernen und Reproduzieren wurde abschließend auf erlebte Fehlleistungen eingegangen. Diese zu interpretieren - und vor allem einzugestehen - gehörte zu den Leistungen, die durch das Vertrauen zum Forscher erleichtert wurden. Da die interviewten Schauspieler mit dem Vokabular der Sprechakttheorie nicht vertraut waren, wurde auf die Verwendung spezifisch linguistischer Begriffe verzichtet. Die Gesprächs-hinweise und Fragestellungen wurden dem Sprachumfeld der Schauspieler

---

[91]»Sofern Gedächtnisprobleme während der Projektarbeit nicht auftreten, besteht nach dieser Überzeugung kein Bedarf, anschließend über Gedächtnishilfen nachzudenken oder sie gar praktisch auszuprobieren. Auf diese Weise kommen Aussagen von Lehrern zustande, die Schüler stünden bei der Ausbildung noch nicht unter Streß durch Zeitdruck oder Versagensangst und deshalb seien sie für eine theoretische oder praktische Unterweisung in Textlern-Methoden nicht zu motivieren.« (Arendts 1994, S.43)

entlehnt, um Mißverständnissen vorzubeugen. Die Erläuterung des Fachjargons, soweit zum richtigen Verständnis der Zitate notwendig, wurde vom Autor dieser Arbeit vorgenommen.[92]

4.3 Selektion der zu Befragenden

»Bei der Auswahl von typischen Befragungspersonen wird besonders offenkundig, dass die methodologische Prämisse, ohne theoretisches Vorverständnis ein qualitatives Interview zu beginnen, nur sehr bedingt realisierbar ist. So ist klar, dass - da der Forscher ja typische Personen aussucht - er eine Vorstellung darüber haben muß, wie diese typischen Personen „aussehen".« (Lamnek 1995, S.92)

Im Fall der vorliegenden Untersuchung war das Vorverständnis aufgrund der Tatsache gegeben, dass der Autor sein eigenes Arbeitsumfeld untersucht hat - die Kollegen waren ihm aus vorangegangenen privaten Gesprächen bezüglich Leistungen und Biographie bekannt. So war zur Zeit der Auswahl bereits das größtmögliche Vorverständnis gegeben. Der Kontakt zu den Befragten war, da es sich um ein `Gespräch unter Kollegen` handelte, eng und persönlich. Es wurden keine Kandidaten aus dem privaten Umfeld gewählt. So bestand nicht die Gefahr der Hemmung des Befragten oder der Verfälschung von Aussagen aufgrund persönlicher Bindung.

---

[92] »Bezüglich der Merkmals der Naturalistizität ist für die Inhaltsanalyse festzuhalten, dass das Erhebungsprotokoll die dem Sprecher vertraute alltagsweltliche Sprache enthält. Interpretationen sind immer nur in Kenntnis des verwendeten Sprachcodes vorzunehmen.« (Lamnek, 1995, S. 202)

Die Entscheidung fiel auf sieben Schauspieler uns Schauspielerischen mit unterschiedlichen Biographien (Akteure A-G). Sie wurden über das Forschungsvorhaben brieflich[93] informiert und ihnen wurde Anonymität zugesichert. Zwei der Befragten waren zwischen 25 und 35 Jahre alt, zwei zwischen 35 und 45 und drei über 45. Auswahlkriterien waren neben der Ausübung der Schauspielerei als hauptberufliche Tätigkeit auch eine möglichst hohe Anzahl Berufsjahre und der Umfang des daraus resultierenden Erfahrungsschatzes. Die Anzahl der Interviews wurde auf fünf begrenzt, da die qualitative Ausrichtung nicht unter der Zielsetzung der Repräsentativität steht, sondern unter der, »ein möglichst zutreffendes Set der relevanten Handlungs-muster« (Lamnek 1995, S.92), also typische Fälle für das entwickelte Erklärungsmodell, zu finden.

4.4 Das Interview

»Ich vertrete im Sinne der ,qualitativen Soziologie´ die Meinung, dass erst, wenn der Befragte sich selbst emotional engagiert und das Interview für seine Alltagswelt auch Bedeutung hat, interne Gültigkeit zu erhoffen ist; jedenfalls eher als bei einem standardisierten Interview.« (Girtler, 1988, S.40)

Der emotionale Stimulus, wie Girtler ihn fordert, ist - so zeigt die Erfahrung der Interviews - beim Schauspieler anscheinend ´automatisch´ gegeben, sobald er die Möglichkeit zu einer künstlerischen Darstellung sieht. Für die Befragten ist die Situation des Interviews weder fremd noch unangenehm gewesen. Es bestand vielmehr die Gefahr, dass die sie selbst im

---

[93] Eine Kopie des Anschreibens befindet sich im Anhang dieser Arbeit.

Interview die Darstellung der eigenen Person zu inszenieren begannen und sich in ihrem Erzählfluß weit vom Themenkomplex entfernten.[94] Mit Hilfe der aus den Probeinterviews entwickelten Gesprächsführung und des verbesserten Leitfadens konnten die weiteren Befragungen mit einer durchschnittlichen Länge von 30 Minuten geführt werden. Aufgezeichnet wurde nach Einwilligung des Befragten mit einem Diktiergerät. Die Namen der Schauspieler wurden während der Transkription geändert in ´Akteur A, B, C, D, E, F und G´. Auf audiovisuelle Datenaufzeichnung in Form eines Videomitschnittes wurde verzichtet, da der Aspekt der Beobachtung für die Auswertung nicht relevant war. Durchgeführt wurden die Interviews im April 1999 wahlweise in dem Theater, dessen Ensemble der Schauspieler angehörte, oder in seiner Wohnung. Bei der späteren Auswertung der Interviews wurden zudem Aussagen aus einer Befragung verwendet, die der Autor bereits 1993 an den Städtischen Bühnen in Münster mit Schauspielern durchgeführt hat. Es sei jedoch ausdrücklich darauf hingewiesen, dass die aus diesen Interviews verwendeten Auszüge lediglich die im Rahmen dieser Untersuchung wiedergegebenen Aussagen stützen und nicht ein integrierter Teil sind.

4.5 Inhaltsanalytische Auswertungsmethoden

»Bei der Inhaltsanalyse handelt es sich um eine Form wissenschaftlich kontrollierten Fremdverstehens.« (Lamnek 1995, S.202)

Für die Analyse kommunikativer Realität stehen, wie für deren Erhebung, eine Vielzahl unterschiedlicher Verfahren zu Verfügung. Die

---

[94] Dies führte zu, besonders bei den Testinterviews, zu extrem langen

110

Inhaltsanalyse dient dazu, Rückschlüsse aus dem gewonnenen Material auf die individuellen, gesellschaftlichen Phänomene zu ziehen. Sie fungiert - anders als bei der Auswertung quantitativer Daten - als Verständnishilfe bei der Interpretation sprachlicher (manifester) und nicht-sprachlicher (latenter) Kommunikationsinhalte.

> »Im quantitativen Paradigma dient die Inhaltsanalyse [also] der Erhebung von Daten. Die Auswertung, also der Versuch der Falsifikation einer Hypothese, bleibt statistischen Verfahren vorbehalten. [...] Die Inhaltsanalyse dient im qualitativen Paradigma der Auswertung bereits erhobenen Materials, und das heißt, sie dient der Interpretation symbolisch-kommunikativ vermittelter Interaktion in einem wissenschaftlichen Diskurs.« (Lamnek 1995, S. 173)

Im qualitativen Paradigma unterscheidet man im Weiteren zwischen inhaltlich-explikativer und inhaltlich-reduktiver Analyse. Für die vorliegende Auswertung fiel die Wahl aus folgenden Gründen auf das explikative Verfahren: zum einen war eine erklärende Auswertung unumgänglich, da der Schauspieljargon als Fachsprache Begriffe enthält, die für Milieufremde der Erklärung bedürfen.[95] Zum anderen werden im Rahmen dieser Arbeit Zitate zur Belegung der entwickelten Hypothesen eingegliedert. Um die Individualität der darin enthaltenen Erfahrung bewahren zu können, mußte auf reduktives Zusammenfassen verzichtet werden.

Viele der im Bereich der Sozialforschung entwickelten Analysemethoden werten neben dem Kommunizierten auch das Verhalten des Kommunikators aus, um o. g. Rückschlüsse auf gesellschaftliche Erscheinungsformen ziehen zu können. Die im Rahmen dieser Arbeit geführten Interviews

---

Erzählpassagen.
[95] cf. »enge und weite Kontextanalyse« Mayring, 1988, S. 54.

dienen jedoch mehr der Ermittlung von Beispielen zur Verifikation bzw. Falsifikation der aufgestellten Hypothesen zu einem spezifischen Sachverhalt. Diese Unterscheidung in der Zielrichtung führt zu einer Abweichung in der Vorgehensweise. Die Unterschiede werden in einer kurzen Gegenüberstellung verdeutlicht. Verglichen wird die hier eingesetzte Form der Inhaltsanalyse mit dem von Mayring 1988 entwickelten allgemeinen Ablaufmodell. Erster Schritt der Analyse, insoweit herrscht Übereinstimmung, ist die Transkription der Interviews, die vom Autor selbst vorgenommen wurde (cf. Lamnek 1995, S. 108). Auf die der Paraphrase der relevanten Aussagen folgende Reduktion der protokollierten Aussagen wurde verzichtet. Mayring legt nahe, das Material so zu reduzieren, dass die wesentlichen Inhalte erhalten bleiben. So soll durch Abstraktion ein übersichtlicher Korpus geschaffen werden. Bei den hier vorliegenden Protokollen ist die einzelne Aussage als Paradigma jedoch von basaler Wichtigkeit und muß daher nahezu in ihrer ursprünglichen Formulierung wiedergegeben werden.

5. Operationalisierung der Interviewdaten

Der Schauspieler hat beim Umgang mir dem dramatischen Text eine zweifache Aufgabe.

»Einmal muß er ihn [den Text] wörtlich erarbeiten und zum anderen muß er sich in die Lage bringen, den - weitgehend - unbewußten Prozeß der Interaktion des Textes mit seiner persönlichen, kognitiven Struktur, d.h. seinen biographischen Daten - so weit es geht - bewußt zu kontrollieren und zu steuern. « (Arendts 1992, S. 75)

Diese bidirektionale Leistung wird nicht nur beim Lernen des Textes vollbracht. Auch die Aufführung verlangt nach einer parallelen Wiedergabe der sprachlichen Handlungen auf der einen Seite und deren Einbindung in die inszenatorischen Vorgaben auf der anderen. Im Verlauf der Interviews stellte sich heraus, dass sich die Befragten wenig mit der eigenen Lern- und Wiedergabestruktur auseinandersetzen. Vielfach haben sie in der Ausbildung eine individuelle Methode entwickelt, der sie im Laufe ihrer Karriere treu bleiben.[96] Das daraus entstehende metakognitive Defizit erschwerte eine zielgerichtete Informationssammlung. Am ehesten wurden die angewandten Methoden transparent, wenn der Darsteller Einzelerlebnisse wiedererzählte. Wie auch Berg analog für die Versprecherforschung feststellt, ist eine eindeutige Klassifikation von Fehlleistungen sehr schwer.

---

[96] Die breite Streuung der Lernmethoden zeigte sich bereits in der kleinen Anzahl der Interviews.

»Diese Mehrdeutigkeit hängt mit dem Phänomen der Selbstkorrektur vor Vollendung der fehlerhaften Äußerung, vor allem aber mit der potentiellen Plurikausalität der Versprecher zusammen.« (Berg 1988, S. 6)

Die durch die Befragung zu falsifizierenden Hypothesen sind aus der theoretischen Auseinandersetzung in den vorhergehenden Kapiteln generiert. Ihre Bestätigung oder Widerlegung wird in den folgenden Kapiteln geleistet. Das Ergebnis der Analyse soll die Notwendigkeit der Einführung sprechakttheoretischer Modelle in die dramatische Textarbeit im Sinne der forschungsleitenden Frage herausstellen. Geprüft werden dabei die verschiedenen Lernmethoden auf ihre Fehleranfälligkeit. Die in den Hypothesen aufgenommenen Ansätze sind wörtliches, optisches, text-rhythmisches, abstraktes, schriftliches und verstärkendes Lernen. Abschließend wird beurteilt, inwiefern Stanislawskis Vorbereitung in diese Formen des Lernens eingebunden wurde.

5.1 Die Untersuchung von Lernen

»Mit „falschem" Lernen kann sich der Schauspieler den Weg zur Rolle von Anfang an blockieren.« (Arendts 1994, S.74)

Arendts bleibt zwar die Definition von *falsch* schuldig, doch wird dieses Statement durch die selbstenthüllenden Aussagen der Darsteller an Transparenz gewinnen. Nehmen wir anfänglich Stanislawski zur Hilfe, der sich in diesem Zusammenhang mit dem Problem der darstellerischen Klischees auseinandersetzt. Klischees entstehen, seinen Aussagen zufolge, durch eine allgemeine, oberflächliche Auseinandersetzung mit dem Text, die das sofortige wörtliche Lernen vor das psychologische Situations- und Rollenverständnis stellt. Unter

114

der Zielsetzung der schnellen darstellerischen Umsetzung findet kein Ausloten der Situation statt. An ihre Stelle treten allgemeine Vorstellungen menschlichen Handelns, mit Hilfe derer eine sprachliche oder nicht-sprachliche Aktion technisch expliziert und nicht erlebt wird.[97]

> »So entstehen Klischees für die Einfachheit. Das sind die schlimmsten. [...] Ich begriff das und wandte mich dem Wesen der Rolle zu, zergliederte die Rolle noch aufmerksamer in einzelne Aufgaben und suchte diese so gut wie möglich auszuführen. Ich suchte [...] vor allem aber nach der durchgehenden Handlung.« (Stanislawski 1999, S. 11)

Neben diesen offensichtlichen Fehlern, in die sich jeder Darsteller am Anfang seiner Karriere fügen muß, kommt in den Interviews eine Vielzahl von individuellen Lernmethoden zutage. Die Unzulänglichkeit erkannt habend, verändern einige Akteure sogar im Laufe ihres Arbeitslebens ihre Methodik, um den Fehlleistungen zu entgehen. Da die Anleitung zum methodischen Lernen in der Schule fehlt, muß der Darsteller die Motivation zum Lernen aus seinem Berufsverständnis entwickeln.

> »Es ist ja nicht so, dass du Schauspieler wirst wie jetzt beispielsweise Bratwürstchenbrater oder Koch oder was weiß ich nicht. Sondern du wirst das ja aus einer bestimmten Lust heraus und dadurch kriegt es für dich eine Notwendigkeit und auf einmal lernst du, ganz anders, und mit einer anderen Lust, mit einer Sicherheit und du empfindest ja auch je mehr du ihn kannst eine größere Sicherheit. Für mich ist es ja zum Beispiel einfach schön, ohne Angst in so eine Vorstellung reinzugehen. [...] Dazu muß man natürlich seinen Text gut können und das gibt für mich eine große Notwendigkeit und schon lernst du aus einer Notwendigkeit, das ist ein Muß.« (Akteur E, S. 3)

---

[97] Gleiches gilt auch für die Verwendung von Dialekten. Werden sie zu früh eingesetzt, verhindern sie den natürlichen Umgang mit den neuen Sprechakten (cf. Stanislawski 1999, S. 13).

»Da hat jeder so individuell für sich gearbeitet. Also, diese Schule war so angelegt, dass jeder für sich seinen Weg fand, wie er jetzt diesen Text lernt. Das war auch lange, eigentlich eine lange Zeit, wo ich selber auch Probleme hatte, „ja wie lerne ich jetzt eigentlich den Text?" Wie lernt jetzt der Schauspieler X den Text oder eine Kollege. Mir viel auf, dass ich schlecht Text lernen kann und habe da selber alle mögliche Methoden entwickelt.« (Akteur A, S. 1)

Dieser Notwendigkeit wird in vielerlei Hinsicht gerecht zu werden versucht. Anfänglich steht dabei die Frage im Vordergrund, wie vor den ersten Proben gelernt wird. Diese initiale Auseinandersetzung mit dem Text legt den Grundstein für den weiteren Umgang. Es beeinflußt z.B. die Flexibilität, mit der auf Textstreichungen, die durch die Regie- oder Probenarbeit entstehen, reagiert wird.[98] Zum Teil kann das dazu führen, dass die vom Autor intendierte Dramenlogik der Sprechakte überrollt und so das Lernen und Spielen erschwert wird.

Das wörtliche Lernen in verschiedenen Varianten findet sich bei vielen Schauspielern. Zumeist wird der Text vor der Szenenarbeit gelernt, was die Einschränkung des Schauspielers zur Folge hat.

»Ich habe Kollegen kennen gelernt, die wochenlang brauchen, um es wirklich Wort für Wort zu lernen was da drin steht und wenn du irgendwann mal eine Irritation hast und sagst, das heißt bei mir aber ganz anders. [Dann Antworten diese Kollegen] das steht bei mir auf der Seite, 2. Zeile von unten.« (Akteur D, S.1)

»Also ich fing dann an, Wort für Wort zu lernen. Weil ich Texte, die ich, also die nicht aus mir herauskommen, die ich einfach so sage, wenn ich spreche weil das ja ein Fremder geschrieben hat. Das liegt mir nicht im Mund. Das heißt, ich muß das Wort für Wort lernen.[...] Also, wenn jetzt ein Regisseur sagt, „ich will den Text genauso haben", muß ich das lernen. Und ich brauche relativ lange, bis das dann so ist, dass das zu mir gehört. Und das er bei mir

---

[98] Oft wird der Text erst in den Proben gekürzt.

rauskommt, als ob ich ihn sagen würde. Da habe ich einen ziemlich langen
Weg.« (Akteur A, S.2)

Die Rhythmik des Textes hat sich unter Umständen so sehr eingeprägt,
dass ein freier, improvisierender Umgang damit nicht mehr möglich ist. Dieses
wörtliche Lernen, das durch das rhetorische Theater, das primär den
intellektuellen Blick auf den Text lehrt und erst in zweiter Linie die Psychologie
der Rollenfigur studiert, wird mit verschiedenen Hilfsmitteln umgesetzt. Auf der
einen Seite gibt es die optischen Lerner, die durch bloßes Anschauen die
semantischen Einheiten erkennen und verinnerlichen.

»Also, da gibt es ja welche, die haben ein fotografisches Gedächtnis, die
einfach über so eine Seite Text dreimal drübergucken und den eigenen können
und den vom dem Kollegen noch gleich mit.« (Akteur D, S. 1)

»Ich habe es sehr schnell gelernt, optisch, drei mal gelesen, war's drin.
(Akteur F, S. 2) Fast über, weit über zehn Jahre habe ich nur optisch gelernt und
ich wußte dann genau dann war das drin und dann stand ich auf der Bühne und
hab eigentlich gar nichts mehr zu denken. Es lief. Und bis ich dann auf einmal
auf einen Punkt kam, auch wo mir das bewußt wurde, wo ich dann etwas wollte
damit. Jetzt, seit dieser Zeit lern ich nur noch vom Sinn her, und das ist dann,
aber wenn der Sinn und das was ich will eigentlich nicht so ganz zusammen
kommt, hab ich Schwierigkeiten damit.« (Akteur F, S. 1)

Das letzte Zitat verdeutlicht, wie groß die Gefahren des optischen
Lernens sind, wenn nicht nur das Zeichen, sondern darüber hinaus auch eine
Konnotation gelernt werden muß. Eine verwandte Art der optischen Verstärkung
wird von anderen Kollegen verwandt, indem sie den zu lernenden Text
abschreiben.

»Meine Mutter macht das nur so. Die schreibt nur Rollen ab. Die
schreibt ganze, die schreibt alles, die schreibt den Text von den Kollegen mit
einer andern Farbe und so. Dann kann sie es aber auch bombenfest. Aber die

schreibt wirklich, tagelang, hat die so Hefte und dann schreibt die die ganze „Alte Dame" ab. Aber alles, jeden Satz von anderen und die Regieanweisung, alles, das ganze Stück wird noch mal abgeschrieben.« (Akteur E, S. 2)

»Da habe ich eine Szene, da habe ich mir mal den Text und den Text der andern aufgeschrieben. Immer mit solchen Abständen und hab zwischen reingeschrieben, was ich tue und was ich denke. Dann kam aber zum Beispiel der Kommentar, dass ich so fest zementiert war auf diese Szene, dass ich damit nicht mehr habe spielen können. Also ich habe selber mit mir Regie geführt, hab alles analysiert und das war dann dreifach zu viel. Wie oft passiert es Kollegen, dass sie einfach Scheiße sind, wenn sie ein Stück inszenieren und die Hauptrolle spielen.« (Akteur G, S. 3)

Hier geschieht ähnliches, wie bei anderen wörtlichen Lernmethoden. Genau diese Methodik verwirft das Stanislawski-System. Manderino stellt die Schwächen, die die Verfestigung der Sprachinhalte, die statisch, ohne situativen Kontext gelernt werden, mit sich bringt, deutlich heraus.

»The actor is caught in a verbal trap, knowing how the word are going to sound. [...] Since everything is preconceived, there is little reality. There can be vivid and impressive emotion, but little unconventional reality« (Manderino 1985, S. 128)

Eine wichtige Modifikation, um dieser Verfestigung zu entkommen, besteht darin, den Text nicht laut zu sprechen, um nicht die Rhythmik als Träger der Information zu verinnerlichen.

»Wenn ich ihn [den Text] zu Hause lerne, ich lerne zum Beispiel nur leise, ich rede den Text nicht vor mich hin, es gibt also Kollegen die reden den Text immer laut und lernen darüber und ich lerne also wirklich schweigend, nicht, ich sage nicht, ich sitz zu Hause in meinem Sessel und alle denken ich schlafe, auch so ein Phänomen, ich schlafe beim Textlernen oft ein, ich schlafe, ob ich nun mittags, morgens oder abends lerne, ich schlafe ein, wenn ich wieder aufwache, kann ich ihn, das ist ein Phänomen.« (Akteur E, S. 4)

118

Ganz in diesem Sinne ist die von Arendts angeführte „Vermeidung von Betonungen" (Arendts 1992, S. 171) zu verstehen. Eine weiterentwickelte Form, die allerdings mit den gleichen Fallen aufwartet, ist die Hinzunahme magnetischer Aufzeichnungsgeräte.

»Ich mache das oft so, dass ich mir das auf Kassette aufspiele, die Zwischenparts der anderen Partner auch mit reinlese, dass ich einfach so eine Geläufigkeit bekomme, dass ich dann immer hören kann, und da ist natürlich die Gefahr nah, dass man sich Stakkatosprechen angewöhnt. Dass man also einen Text draufspricht, dass kann man für den Anfang nehmen, aber dann sollte man schnell wieder vergessen und so am Text weiterarbeiten.« (Akteur B, S. 1)

Am deutlichsten wird die Gefahr der damit einhergehenden Vernachlässigung des situativen Kontextes im folgenden Zitat formuliert.

»Also, als Anfänger, da ist mir das Ganze passiert, dass ich meine Vorstellungen schon am nächsten Tag ausgearbeitet habe. Aber ziemlich viele meiner Kollegen [habe ich] vergessen, die rundrum ja auch spielten.[...] Dass das so nicht ging meistens, auch da mich von zu lösen, [das war] der erste große Schritt. Also richtig, ich hatte mir das zu Hause genau vorgestellt, wie ich da spiele, wie ich es interpretiere, es darstelle, ja und der Kollege *Achter,* der ist dann da, der macht das so und so, da habe ich eigentlich kaum Gedanken dran verschwendet, und da fällst du so auf die Nase.« (Akteur G, S. 3)

Am sinnvollsten scheint in der Probenvorbereitung eine erste Auseinandersetzung mit dem Text, die die vorgegebenen Sprechakte herausstellt. Der Text wird ´angelernt´, nicht aber vollständig auswendig gelernt. Die geistige Arbeit der ´Sprechaktklassifizierung´ seitens des Schauspielers geht dabei weit über das Auswendiglernen hinaus, und wird fälschlicherweise als schwieriger empfunden.

»Deshalb ist es, wenn du es, also wenn du natürlich eine Riesenrolle hast, also dann lerne ich das an, weil sonst kommt die Probe überhaupt nicht weiter. Wenn du nur mit einem Buch in der Hand da stehen mußt und bist jeden Tag vielleicht dran, also das macht mich ein bißchen, verunsichert mich. Aber anlernen, jetzt versuch ich wirklich, das ist für mich das Schwerste, dieses Anlernen.« (Akteur G, S. 3)

Um den Anweisungen des Regisseurs während der Probe nachkommen zu können, lernen manche Darsteller den Text ´kalt´. Sie konzentrieren sich ganz auf das neutrale Lernen der Worte, ohne vorherige Eigeninterpretation. Dieses Freihalten des Textes ist sinnlos. Dem Method-Acting widerstrebt diese Art zu lernen, weil gerade die eigenen Reaktionen auf den noch neuen Text spontan und offen sind.

»Der Moment des Kennenlernens ist sehr wichtig. Die ersten Eindrücke bleiben besonders frisch. Sie sind die besten Erreger schauspielerischer Begeisterung, die im Schaffensprozeß eine große Bedeutung hat. Die ersten unbefangenen Eindrücke sind überraschend und unmittelbar. Nicht selten drücken sie der ganzen weiteren Arbeit des Schauspielers ihre Prägung auf.« (Stanislawski 1999, S. 21)

Durch vollkommen abstraktes Lernen wird dieser wichtige Teil der Rollenfindung ausgeschaltet.

»Abstrakt lernen könnte man auch einen Text, den man effektiv nicht versteht, der in einer anderen Sprache ist. Hab ich einmal gemacht, und dann kannst du nur anhand von Bildern irgendwelche Sachen, überhaupt Bilder glaube ich, sind, ist das, was überhaupt nur zur Verständigung dient, ich kann mich mit jemandem unterhalten, einfach nur durch Bilder, abstrakte Formen, abstrakte [Metaphern], die Sprache, die Sprache abstrakt, so wie sie ist, ist nicht vermittelbar, es sind eigentlich immer nur Bilder, und ich glaube es, man merkt, wenn ich einen, ich kann natürlich einen abstrakten Text lernen, so hab ich es früher mal gemacht, da wo ich eigentlich gar nicht wußte, was es war, lief einfach weg und da hat man, gut da hat man das verstanden, aber letztendlich hat man es nicht mitgekriegt.« (Akteur F, S. 4)

Während des Probenverlaufs - durchschnittlich vier Wochen - behalten die Schauspieler die ihnen vertraute Methode bei. Einige reflektieren aber durchaus die temporal bedingten Veränderung im Lernablauf.

>Ich brauche zwei Nächte davor, so dass ich über den Text schlafen kann, dass der in meinem Körper drin ist. Also, dass brauche ich. Im Schlaf verarbeite ich diese ganzen Sachen. Wenn ich aber vor Ort an einer Stelle etwas machen muß. Ist das technisch absolut, oberflächlich. Und da tue ich mich dann schwer, gleich eine Emotion reinzulegen. Also, da bin ich überfordert. Also eine Nacht brauche ich mindestens, weil diese Nacht irgendwas bei mir bewirkt, dass ich eine Anspannung loswerde und vielleicht im Unterbewußtsein drüber nachdenke oder das noch mal vorsage und dann funktioniert das.« (Akteur A, S. 6)

Um dann bei den weiteren Proben nicht durch das Textbuch behindert zu sein, schreiben sich einige Darsteller kleine Zettel, auf denen entweder die Textstichworte oder der ganze Text vermerkt sind.

>Ich habe es immer über Spicker gemacht, ich hab mir Spicker geschrieben, da hab ich mir es aufgeschrieben oder ich hab mir Spicker geschrieben, ich hab wirklich, ich war berühmt für meine kleinen Spicker, ich hab bloß es nicht mehr lesen können, was da drauf stand, aber ich wußte es, das war das komische, ich wußte es total, nachdem ich es einmal geschrieben hatte, abgeschrieben hatte. Wahrscheinlich ist das auch so eine Art [...] optisches Gedächtnis, du hast es dann ja drin.« (Akteur E, S. 2)

Diese Zettel ermöglichen ein freies Bewegen während der Proben, um so das Bühnenbild und die Requisiten in den Lernvorgang einzubeziehen.

>[Wenn du bei der] Probenarbeit bist, dann orientiere ich mich an so vielen Kleinigkeiten, sogar an dem Tonfall des Kollegen manchmal, obwohl das auch, das ist bei mir z.B. auch, oder eben an diesen ganz einfachen Sachen, wie nennt man das noch mal die ganzen Requisiten, Gänge, Gänge, und da kommt das automatisch, ich hab schon mal so das Gefühl gehabt, jetzt hab ich gleich einen Blackout aber ich weiß nicht, da braucht ja der Kollege oder ich nur eine bestimmte Tätigkeit zu machen fällt es mir wieder ein. « (Akteur G, S. 3)

Diese Form von Eselsbrückenlernen kann, wie das nächste Kapitel zeigt, zu krassen Fehlleistungen führen. Auf der anderen Seite kann es bei Wiederaufnahmen sehr hilfreich sein.[99]

»Ein Stück, das war das lag schon anderthalb Jahre eigentlich im Fundus und da kamen wir irgendwann mal auf die Idee, ach wir holen das wieder raus, [...], an den Tisch gesetzt und haben uns ohne dass irgend jemand mal vorher wieder in den Text reingeguckt hat und an dem Tisch war 25%, ja man fing irgendwas an, irgendeine Sequenz an zu spielen. Und dann haben wir uns den Streß gemacht, da haben wir gesagt, so, Bühnenbild aufbauen, Requisiten war alles da und jetzt fangen wir an zu spielen und da war nach anderthalb Jahren einfach es war plötzlich 90% wieder da, es waren so ein paar Irritationen noch da, wie war das noch, was haben wir da noch gemacht, im Grunde ging es immer darum: Was habe ich da noch gemacht, und da nachher, wenn sich das eingespielt hat, wenn so ein Theaterstück gelaufen ist sich einfach diese Handlung, der Text auch an die Handlung bindet, das man einfach sagt, O.K. der kommt automatisch, wenn ich die Türklinke anfasse, dann bin ich wieder an der Stelle, der kommt automatisch, wenn ich die Tasse nehme. [...] Wir waren an irgendeinem Theater, wo wir es nicht so aufbauen konnten, wie wir es wollten zunächst, sondern spiegelverkehrt, weil von der einen Seite ein Auftritt nicht möglich war oder so und das schockiert komplett, auch vom Text her, ich komm rein, das Fenster ist auf der anderen Seite, der Tisch ist irgendwo woanders und aus, ja, man sucht, man ist mit der Konzentration wieder ganz woanders, man konzentriert sich mehr darauf, wo muß ich jetzt eigentlich hin, ne, und dann läuft auch einfach der Text nicht mehr, das Spiel nicht mehr.« (Akteur D, S. 2)

Das sich im Verlauf der Proben einstellende 'Vertrauen' - im Umgang mit den Kollegen und den Rollenfiguren - schafft eine pseudoidentifikative Beziehung zu den Sprechakten. Das Proben ist unter den oben genannten Methoden nur eine Verkettung sprachlicher Zeichen. Diese Kette reißt ebenso schnell wieder ab, wenn eines der Glieder während der Aufführung versagt. Insofern ist das hier beschriebene Vertrauen nicht gleichzusetzen mit dem von

---

[99] Als Wiederaufnahme wird die erneute Aufführung eines Stückes bezeichnet, dessen Erarbeitung bereits länger zurück liegt.

Stanislawski und Strasberg postulierten Ziel der unbewußten Identifizierung mit der Rollenfigur.

»Selbstverständnis, Sicherheit, Geduld mit dir selber, Ausdauer, das Vertrauen, dieses Urvertrauen zu wissen, einfach nur den winzigen Satz zu wissen, das ist richtig und dann funktioniert es von ganz alleine und das geht jetzt eben, was jetzt das lernen angeht, solange nicht, bis du nicht wirklich diese Sicherheit bekommst, die bekommen wir ja durch das Proben, also indem wir wirklich, mit dem Regisseur mit den Kollegen dasitzen und an den, im schönsten Falle natürlich, an den Situationen rumfriemeln bis du wirklich sagst, das versteh ich, das ist in mir, das kann ich. Und wenn du das Vertrauen hast, ich glaub dann ist einfach auch Textlernen kein Problem. « (Akteur E, S. 6)

Abschließend soll diesen zumeist extern funktionierenden Textlernmethoden die inhaltliche Lernmethode, wie sie von Stanislawski bevorzugt wird, gegenübergestellt werden.

»Ich bin eigentlich immer so dran gegangen, und das hat vielleicht auch mit dieser Geschichte wieder zu tun, das ich eigentlich nicht den Text lerne, an der Oberfläche, sondern immer lerne, warum mach ich das in dem Moment, und wenn ich das weiß, das ist ja eine andere Art von Gedächtnis, das ist dann nicht so ne, ich lern jetzt nicht so eine Einser-Nuller-Reihe irgendwie auswendig sondern ich hab dann ein Bild oder ich hab dann ein Motiv in dem Moment oder ich hab ein Gefühl in dem Moment, und wenn ich das habe, das lern ich ja nicht auswendig, das speichert sich ja von alleine ab, im Grunde, und da bindet sich der Text dann an, im Grunde.« (Akteur D, S. 1)

Optimal, leider aber aufgrund verkürzter Probenzeiten selten realisierbar, ist dieses allmähliche Hereinfinden in die Figur und den Rollentext. Stanislawski unterteilt den Weg des Zugangs in »[...] Kennenlernen, [...] Erleben, [...] Verkörpern und Einwirken.« (Stanislawski 1999, S. 21) Allenfalls die biographische Methode wird verwandt, um die Figur zu komplettieren:

»Klar liegt dem auch voraus, das mach ich auch immer noch, dass ich mir für die Figur eine Biographie überlege. Mich einfach mit der auseinandersetze natürlich, um die fleischlich werden zu lassen. Viel schöner ist es, wenn man die Möglichkeit hart, frei an eine Inszenierung zu gehen. Wenn man den Textzusammenhang natürlich im Hinterkopf hat.« (Akteur B, S.1)

Während das Kennenlernen den ersten Zugang und eine detaillierte Analyse und vor allem »den Prozeß des *Erschaffens und Belebens der äußeren Umstände*«(Stanislawski 1999, S. 35) impliziert, setzt sich die Phase des Erlebens, die »*die wichtigste und ausschlaggebende im Schaffen*« (Stanislawski 1999, S. 56) ist, mit der produktiven, improvisierenden Entwicklung von möglichen Handlungsabsichten der Rollenfigur auseinander. Hier erst setzt der Probenablauf ein, der das Lernen des Textes sichtbar nach der Entwicklung der Figur einstuft.

Das im Probenprozeß einsetzende Einwirken der Rolle ist der Ausgangspunkt für die Austauschbarkeit von Wirklichkeit$_{real}$ und Wirklich-keit$_{drama}$. Die so Wirklichkeit gewordenen Bühnensituation bewahrt den Darsteller vor Fehlleistungen, weil er nicht mehr reproduziert, sondern erlebt. Selten treffen jedoch ausreichende Proben- und Vorbereitungszeit und ein im Naturalismus des Schauspiels geschulter Regisseur in Deutschland aufeinander. Die Resultate und die Aussagen der Schauspieler verdeutlichen aber den enormen Qualitätsunterschied. Interpretation, Probenprozeß und Textlernen fallen zusammen und ergeben eine natürliche Auseinandersetzung mit dem sprachlichen Handeln. Ganz in diesem Sinne ist die von Arendts diskutierte Einteilung in »Sinn und Handlungsabschnitte« (Arendts 1992, S. 174) Sie entspricht der von Stanislawski eingeführten Segmentierung des Textes in 'beats' oder 'actions' und ist eine sinnvolle Vorbereitung zum psychologischen Verständnis der Rollenfigur.

Die von Stanislawski und stärker noch von Strasberg (vgl. Manderino 1985, S. 127ff) postulierte sekundäre Relevanz des Textlernens steht vielen Interviewaussagen gegenüber. Zum einen resultiert das aus dem mangelnden Wissen der Darsteller. Zum anderen, und das ist der erschütterndere Punkt, wird die Textsicherheit bei vielen Inszenierungen über die Rollenarbeit gestellt.

5.2 Die Untersuchung von Reproduzieren

Die Reproduktion des gelernten Textes fängt bereits während der Proben an. Die Lernphase überschneidet sich dabei mit der Reproduktionsphase. Der beschriebene Proben- und Aufführungsplan stellt zum einen große Anforderungen an die Terminierung der Lern- und Vorbereitungssequenzen. Zum anderen verdeutlicht es die Wichtigkeit intensiver Vorbereitung. Im Sinne des Method-Acting kann daraus die Hypothese gefolgert werden, dass die unter Umständen gleichen Sprechakte verschiedener Theatertexte durch die Einbettung in den zugehörigen psychologischen Kontext gut voneinander getrennt werden können. Die Entwicklung des psychologischen Grundgerüstes der Rollenfigur steht von daher im Vordergrund, weil sie die Entfiktionalisierung der Sprechakte vereinfacht. Der Schauspieler sollte sich bereits während der Proben auf den situativen Kontext des dramatischen Textes konzentrieren. Durch diese bewußte Ausblendung der Wirklichkeit$_{real}$ gewinnt die Wirklichkeit$_{drama}$ an motivierender Potenz. Vor dem Hintergrund dieser Hypothese werden folgende Formen der Wiedergabe untersucht: das Regiekonzept des Stückes, die Aneignung der Wirklichkeit$_{drama}$ und erfahrungsbedingte Veränderungen des Lernverhaltens. Beispielhaft für fehlerhafte Wiedergabe ist Stanislawskis Anekdote über die Resultate einer nicht- psychologiesierenden Vorbereitung.

>>Doch als ich mich dem Höhepunkt näherte, dachte ich plötzlich ´Gleich bleibe ich stecken!´ Entsetzen packte mich, ich verstummte - verwirrt, leer weiße Kreise vor den Augen...Ich weiß nicht was mich wieder in das automatische Abhaspeln des Textes hineinstieß, es rettete mich auch diesmal wider vor dem Ertrinken.<< (Stanislawski 1981, S. 21)

Im letzten Drittel der Probenphasen werden Durchlaufproben angesetzt, die die zuvor gestellten[100] Szenenbilder aneinanderreihen. Sie bilden den Übergang zu den abschließenden Kostüm- und Lichtproben. Andy Lukas (Lee Strasberg Theatre Inst. London) verweist immer wieder darauf, dass eine Rollenfigur erst durch ihr Kostüm vollkommen werde, weil dieses einen entscheidenden Anteil an den Glauben an die Wirklichkeit$_{drama}$ hat. Der in den Proben erarbeitete Szenenablauf wird als das Gerüst des Stückes bezeichnet, das für die Qualität der Reproduktion verantwortlich gemacht wird.

>>Wenn das Gerüst nicht gut vorgegeben ist, das heißt, wenn es nicht gut erarbeitet worden ist und du kannst selber noch so gut sein, vielleicht, dann wird dir das Reproduzieren, was vielleicht ja das Können des Schauspielers ausmacht, nicht die Premiere unbedingt, da sind viele super und gut da ist jeder Laie kann da super sein, aber die Kunst liegt darin, das du das immer wieder reproduzieren kannst und darin gut bist. Und wenn dann das Gerüst nicht da ist, eben halt auch nach Monaten, Premiere ist Monate vorbei oder was weiß ich, das hab ich oft gemerkt, wenn eben die Regie, eben das Konzept Regie und so weiter nicht gestimmt hat, dann gehst du so schnell baden, also ich geh dann so schnell baden weil du einfach diese berühmten Aufhänger, die du letztendlich immer brauchst, für dich und für die andern, die fehlen dir dann.<< (Akteur G, S. 7)

---

[100] Als gestellt werden Szenen bezeichnet, wenn feste Standplätze, vorgegebene Gänge auf der Bühne und der Umgang mit den Requisiten festgelegt ist.

Dieses Gerüst beinhaltet allerdings die Gefahr einer dem Eselsbrücken-lernen ähnlichen Verknüpfung von sprachlicher Handlung und Requisiten.

»Diese Haltepunkte, die man sich so bauen kann, das geht dann auch über die Aktion. Also dass man Text verbindet mit Aktion. Wichtig ist natürlich Gang und Handlung zu füllen. Und du merkst das selbst und du siehst das auch. Wenn die Regie sagt: Geh von Punkt a zu Punkt b und du weißt nicht warum, dann ist der Gang leer. Wenn du einen Subtext hast und wenn du weißt, warum diese Person jetzt von Punkt a zu Punkt b geht, dann ist es gefüllt und kommt auch natürlich so wie es sein soll von der Bühne rüber. Es ist ein Probenprozeß,[...] manchmal nach zwei drei Tagen oder nach einer Woche, dass es wirklich dann schon Fleisch angesetzt hat und man merkt, Wow, das geht rund. Und du merkst es ja auch. Also bei mir, das hört sich vielleicht komisch an, aber mit ist es so, ich bekomme einen anderen Blick. Es verdichtet sich um mich herum. Also es ist wie ein grauer Schleier, also nicht im Negativen. Da merke ich, dass ich auf der Spur bin. Dann ist es wahr und ist es ernst.« (Akteur B, S.2)

Aber selbst diese graduelle Aneignung von Wirklichkeit$_{drama}$ über Regie-anweisungen hält Fehlleistungen nicht stand.

»Wenn mal einen Hänger, das ist mir bei *Wer Hat Angst vor Virginia Woolf* passiert, ein Satz, dieses: Da gibt es noch Eis. Da hängt eine ganz Riesenszene von ab, dass der eben dann rausgeht und ich mit Martha knutsche und diesen einen Satz, der ist mir nicht eigentlich, ich hab wirklich nicht damit gerechnet, das ich diesen Satz sage und alle gucken mich erwartungsvoll an und ich denk, was habt ihr denn, ich hab doch überhaupt keinen Text mehr, oh wie fürchterlich, oh widerlich.« (Akteur E, S.2)

Die Leistung des Darstellers muß weit über das gleichzeitige Umsetzen von Regieanweisungen und sprachlichen Handlungen hinausgehen.

„Die künstlerische Gestaltung [...] einer Rolle verlangt aber wegen der spezifischen Übermittlungs-Interessen nicht nur nach einer Kontrolle der subjektiven Auseinandersetzung und Auslegung des Textes, sondern vor allem

auch nach einer tieferliegenden Basis der subjektiven Interaktion der Schauspielers mit Text und Figur." (Arendts 1994, S. 19)

Diese tiefere Basis wird allerdings nicht auf der Schauspielschule vermittelt. Jeder Darsteller nähert sich ihr langsam im Laufe seiner Karriere an.

»Ich habe in Hamburg sehr viele große Schauspieler gesehen und die haben alle eine andere Technik gehabt, z.B. lag ich in der Vorstellung Macbeth, da lag ich als Leiche, als Duncans Leiche lag ich unter Macbeth, tot ja, und hörte immer den Monolog gesprochen von *Ulrich Wildgruber* ja, diesen einen Monolog mit der Schlange, ich weiß den nicht auswendig, nicht den Großen sondern mit so einer, mit einer Schlange irgend etwas, und das Tolle war, der hat den jeden Abend anders betont, aber der war jeden Abend gleich mit Sinn gefüllt wie anders auch, und andere Kollegen die ich da getroffen habe, der Wildgruber der konnte das eben, der konnte einen Satz sagen und der war zwar anders betont, aber war immer von der Intention her gleich stark und andere Schauspielerkollegen, die waren präzise wie eine Uhr, die haben jeden Abend den Satz tupfengleich, brillant abgeschossen und das sind zwei verschiedene Methoden. Was ich damit sagen will ist, dass da ist irgendwie alles offen, ja, bei einem gut geschriebenen Satz ist alles offen.« (Akteur C, S. 2)

Ein Kollege höheren Alters gibt offen seine Wandlung zu. Wenn er anfänglich von seinem oberflächlichen Umgang mit dem Text als Ganzem spricht und erst später den Weg über den Inhalt, also z.B. die illokutionäre Kraft des Sprechaktes gegangen ist.

»Das war alles gut schön gesprochen, aber eigentlich hab ich die Bilder, so erkläre ich mir das, die, die hab ich nicht aufgenommen, weil sie keine Bilder versandt haben, es war nur rhetorisch unheimlich schön gesprochen.« (Akteur F, S. 5)

»Genau das will ich auch haben: ich will offen bleiben, und, und sehr oft, manchmal hab ich gesperrt: kann ich das, über die Premiere hinaus, wo ich immer offen bleibe, dann bin ich aber auch unsicher, teilweise mit dem Text, also ich muß dann, wenn ich dann die Rolle genau fest habe, mit allen kleinen kleinsten Kleinigkeiten, auch wo es vielleicht nicht stimmt, wo ein „und" nicht stimmt, wo auch der Text irgendwo auch vom Autor so ein bißchen gequält wird, um den Übergang zu haben das ist manchmal nicht so ganz durchgedacht und das behindert mich dann, ich muß es, ich muß es für mich kauen. « (Akteur F, S. 3f)

Diese Aussage kommt der von Stanislawski geforderten Symbiose von Darsteller und Rollenfigur sehr nahe.

»One of the numerous new movements in acting styles has been towards non acting, (one of its forms being acting for the camera) in which the performer does not attempt to create a character, but is the character at all times.« (Manderino 1985, S. 101f)

Durch diese Identifizierung wird die Wirklichkeit$_{drama}$ zur verläßlichen Plattform, auf der reales menschliches Handeln, also auch Sprachhandeln abläuft. Erst dann funktioniert Kommunikation in ihrer Nuancierung vergleichbar der realen Kommunikation und schafft so die Aufhebung der Grenze zwischen Fiktion und Nicht-Fiktion.[101] Da die Darsteller aber aufgrund der ihnen *ver-mittelten* Arbeitsweise die Identifizierung erst später erreichen können, fällt ihr Urteil über die steigende Qualität der Darstellung infolge der vielfachen Wiederholung etwas zweifelhaft aus. Schließlich soll etwas in der Wiederholung, so Stanislawski immer gleich gut sein, und nicht erst gut werden.

»Der Regisseur wieder kam irgendwann mal bei der 120igsten Vorstellung und sagte: Das hab ich nie inszeniert, aber das ist klasse, einfach weil das Grundprinzip, die Gänge, alles klar, du hast an der gleichen Stelle eine Zigarette angezündet, an der gleichen Stelle dein Glas genommen, an der gleichen Stelle in die Nudel gepickt, scheißegal, aber die Gefühlsgeschichten wurden leiser, die wurden genauer, die wurden lauter, ganz egal, aber es hat sich alles so entwickelt, das, ganz harmonisch, aber nicht nur einer, sondern alle und das ist das, das ist das großartigste (Einwurf Mann 2: Das ist das Geheimnis des Theaters glaube ich) und dann ist das auch so, dann ist es zum Beispiel auch so, das du Text irrsinnig lang behältst, wenn es nicht: der ist weg, also wenn ich irgendwo keinen Spaß hatte, und es war nicht gut, der ist weg, der ist verschwunden.« (Akteur E, S. 1)

---

[101] Überraschend ist in diesem Zusammenhang, dass selbst die Kenntnis von Teilen des Stanislawski Systems nur bruchstückhaft und z.T. fehlerhaft ist

Nur selten geschieht es, dass Schauspieler die Erfahrung machen, welcher Unterschied aus einem wirklichen Umgang mit Sprechakten und situativem Kontext entsteht.

»Das war wirklich, war wirklich irre, und dadurch hat der Text auch gestimmt, weil wir ihn selbst erfunden hatten, der kam aus dir selbst heraus, aus der Figur, die du die du in dich hineingesetzt hast, und dadurch stimmte der, du brauchtest nirgendwo verändern. Manchmal mußtest du es verändern, weil die Situation vielleicht ein bißchen anders man haben wollte, eine, wo ich aber, wo ich zum Beispiel, wie es mir gegangen ist, wo ich für die, für diese Figur gekämpft habe weil sie etwas ausstellen wollte, sich erklären wollte zudem und das habt ihr mir durch die durch die Situation, die Situation hat es mir kaputt gemacht und damit hab ich mir jetzt, mich damit abgefunden beziehungsweise ich hab es ein bißchen verändert auch das, was war.« (Akteur F, S. 8)

Resümierend kann festgehalten werden, dass die deutsche Ausbildung der unterschiedlichen Schulen und der weitere Umgang mit dem dramatischen Text in den Städtischen Theatern nach wie vor sehr rhetorisch orientiert sind. Einzelne Ausnahmen verdeutlichen den Darstellern teilweise, wie weit das unbekannte Arbeiten mit der primären Psychologisierung Einfluß auf die darstellerische Qualität haben kann. Weiterhin kann aufgrund der zuvor geleisteten Verbindung von sprachlichem Handeln und Wirklichkeit$_{drama}$ jetzt eine vorsichtige Untersuchung der Fehlleistungen ansetzen. Bewiesen werden kann damit sicherlich wenig. Verdeutlicht werden kann aber, dass viele dieser Fehlleistungen aus dem 'falschen' Lernen und Reproduzieren der Darsteller durch eine andere Arbeitsweise vermieden werden könnten.

6.Sprechakttheoretische Klassifikationsvorschläge

Die ausgewerteten Daten zeigen deutlich, dass deutsche darstellerische Arbeit weitestgehend unabhängig von den in Kapitel 3.1 referierten Modellen funktioniert. Die bei vielen Schauspielern im späteren Teil der Karriere ansetzende Wandlung hin zur psychotechnischen Auseinandersetzung wird jedoch durchgehend als eine Verbesserung beschrieben.

Die im Interview zutage tretenden Fehlleistungen der Schauspieler haben ihren Ursprung hauptsächlich in der rhetorischen Ausrichtung der Theaterarbeit. Wird eine psychologische Herangehensweise gewählt, finden die von Stanislawski und Strasberg postulierten Prozesse statt. Die dabei entstehenden Fehlleistungen, wie Versprecher, gründen in der individuellen Sprachkompetenz der Sprecher und sind als besonderes Kennzeichen aktiver Ausdrucksfindung zu verstehen. Das von Austin als parasitär bezeichnete Merkmal solcher Sprechakte existiert somit nicht mehr. Es folgen im Rahmen einer kleinen Beweisführung nun einige Erklärungsansätze für die im vorherigen Kapitel beschriebenen Hypothesen.

6.1 Schauspieler - Rollenfigur: zwei Wirklichkeiten

»But to say that all possible worlds are as real as the actual world does not make sense; we do, in fact, cognitively distinguish the real from the „not really real." Although we may value a fictional world as highly as the actual world, we recognize that each has a different level of reality.« (Courtney 1990,S. 20)

Für den Akteur des beginnenden 21. Jahrhunderts gilt mitunter ein ganz anderer Wirklichkeitshorizont, als in einem in den sechziger Jahren geschriebenen Science-Fiction-Stücks.[102] Unter dem Postulat der Wirklichkeit$_{drama}$ des Schauspielers muß auch diese in Relation zu der vom Autor und genauso zu der vom Regisseur geforderten Wirklichkeit stehen (cf. Höfner in: Kimminich 1998, S. 82). Für den Darsteller bedeutet das, eine historisch adäquate Komponente in seine Vorbereitung einzubauen, die ihm die nicht erlebte Wirklichkeit$_{real}$ einer vergangenen oder zukünftigen Zeit nahebringt (cf. Arendts 1994, S. 109).

»Every playwright - Eugene O'Neill, Arthur Miller, William Inge, Anton Chekov - writes in his own time. If a playwright of the 1970s wants to write about the 1950s or 1940s, he will have to research the period. The actor has the same problem.[...] When you work on a part, it is important to think through how a character lives in his social situation.[...] An actor should read the literature of the time to become familiar with the position of labour and of unions.« (Adler 1990, S. 67)

Betten spricht von der „Beherrschung der situationsadäquaten Repertoires" (Betten 1976, S. 288), die vom Sprecher geleistet werden muss, um u.a. Sequenzierungen vornehmen zu können. Diese umfassende Beherrschung gilt ebenso wie die komplette Kontrolle über einen der Rollenfigur zugehörigen Dialekt, um Bedingung neun der Sprechakttheorie zu genügen (cf. Akteur F, S.

---

[102] »We each have our own pace in life, and we each have personal rhythms based on our own heart beat.[...] The player incorporates someone else's pace and timing - one form of intuition is absorbed by another.« (Courtney 1990, S. 101)
»One play will require a slower pace than another; actors must adjust the pace of their character to that of the play.« (Courtney 1990, S. 103)

132

3f). Kann also bei mangelnder Vorbereitung, wie im obigen Zitat, ein 'Weltenwechsel'[103] zwischen zwei Wirklichkeiten$_{drama}$ zu Fehlleistungen führen?

»Ja das kam, weil einfach die Birne zu voll war, also weil ich das Stück noch nicht so kannte ich noch nicht so und naja das geht nicht. Oder eben ich, weil ich lern auch die Stücke, ich kann auch den Text mittlerweile nicht mehr durchmachen vorher, ich mach dann nur noch so die Fragmente, weil das ödet mich dann auch an, weil ich geh dann auch lieber so ein bißchen mit der, betrachte dass dann auch so ein bißchen wie ein Vabanque Spiel, der Text kommt dann schon, wenn die Situation da ist, und das klappt auch meistens, die schwierigen Sachen die lern ich vorher noch mal und ich lern auch die Reihenfolge, was dann kommt und die einzelnen Passagen lern ich nicht mehr, das hab ich früher gemacht, mittlerweile guck ich mir den Text einmal so an und rekapituliere noch mal die schwierigen Sachen und dann versuch ich, zu spielen, weil das ist wichtiger, also da die Kraft rein zu packen, die Energie.[...] Ja bei dieser einen Vorstellung, da war das so, da stand ich da und hab einen absoluten Riß gehabt und konnte mich nicht, und da gab es eine Stelle, da wußte ich nicht mehr, was kommt, ich weiß gar nicht mehr, was ich gemacht hab, ich hab glaub ich lange gewartet, bis es mir wieder eingefallen ist oder so.[...] Meistens ist es so eine Irritation, das man irgendwie so einen Dreher drin hat und verunsichert ist selber und dann reißt es ab, irgendwie, die Erinnerungskette reißt dann ab, das liegt so weit weg vom nächsten Punkt, das sie weg ist. « (Akteur C, S.3)

Die sich anschließende Frage ist die nach der Anpassungsrichtung (direction of fit). In Anlehnung an die oft zitierte Geschichte vom Einkauf[104] (Ulkan 1992, S.261) muß die Bedeutung der Anpassungsrichtung für die dramaturgische Welt ebenfalls festgelegt werden. Innerhalb der durch den dramatischen Text geschaffenen Wirklichkeit$_{drama}$ gelten für die Rollenfiguren die gleichen Regeln wie für den Sprecher in der wirklichen Welt. Allerdings muß zuerst gefragt werden, ob die dramatische Welt überhaupt eine solche ist,

---

103 'Weltenwechsel' soll hier verstanden werden als die Gesamtheit der zu einem Theaterstück gehörenden Sprechsituationen inklusive der situativen Bedingungen und illokutionären Ziele der Rollenfigur.

da bei weitem nicht alle Bestandteile der richtigen Welt in ihr auftauchen. Raucht z.B. eine Rollenfigur, ohne aber die Zigarette anzuzünden (was an manchen Theatern noch aufgrund feuerpolizeilicher Bestimmungen verlangt wird), richtet ein Sp2 in einem Dialog einen Direktiv an ihn, indem er ihn auffordert, die Zigarette auszumachen. Macht Sp1 die Zigarette dann aus, so ist die Anpassungsrichtung Welt-Wort insofern nicht gegeben, als eine nicht brennende Zigarette eigentlich nicht gelöscht werden kann.

Entgegen Ulkans Einschätzung, es bestehe demzufolge »kein Anlaß, von einer neuen, dritten „grundlegenden Richtung der Anpassung zu sprechen« (Ulkan 1992, S. 263) muß hier argumentiert werden, dass die Zuordnung von Wahrheitswerten in der dramatischen Welt durchaus eine eigene Anpassungs-richtung ist, da die Wahrheitswerte sehr wohl den Entitäten erst zugeordnet werden müssen. Auch setzt hier erneut die Wirklichkeit$_{drama}$ der durch Stanislawski entwickelten Theorie ein.

---

[104] Beim Einkauf wird die Welt an das Wort angepaßt. Der Detektiv, der mitschreibt, was der Mann gekauft hat, paßt das Wort der Welt an Die Frau, die Eingekauftes mit der Liste vergleicht, ordnet Wort und Welt jeweils einen Wert zu.

6.2 Intention: mißverstandene Sprechakte

»Ein weiterer sehr häufig auftretender Grund, über Intentionen zu sprechen, liegt in Spekulationen darüber, was die wirkliche Absicht eines Handelnden war bzw. in der Frage, ob jemand das und das ´wirklich absichtlich´ gemacht hat.« (Zillig 1994, S. 134)

Die Fähigkeit zur Intentionsrekonstruktion ist bei vielen Schauspieler nicht trainiert worden, einfach, weil sie nicht unterrichtet wird. Die Rekonstruktion ist jedoch für das Verständnis der charakterlichen Eigenschaften der Rollenfigur ebenso wichtig, wie für die Ver-wirklichung der im Dialog intendierten Sprecherziele. Illokutionäre Ziele können nur dann durch den in der Wirklichkeit$_{drama}$ befindlichen Darsteller erreicht, die zugehörigen Akte vollzogen werden, wenn er sie richtig gewählt hat. Ist die Auswahl falsch, treten Verunsicherungen über die Dialoglogik auf.

»Ich hatte bei einer Probe einen Satz, den ich nicht verstand. Der störte mich innerhalb dieses Monologes. Ich fand nicht die Motivation, warum ich diesen Satz sagen soll. „Die sinnliche Begierde der Männer ist sinnlich und vage zugleich." Der war so mittendrin und paßte nicht zu Vorher und Nachher. Und da hing ich ständig, habe immer gesucht und hatte auch so ein komisches Gefühl in den ersten Vorstellungen. Und habe immer versucht, etwas zu finden und habe mir den Satz immer vorgesagt in verschiedensten Varianten. [...] Und in der Vorstellung passierte mir das genau mit diesem Satz, dass ich den nicht vergaß oder den verhedderte, oder einen Blackout hatte, sondern ich hatte das Gefühl, ich hätte eine Stimmlähmung. Ich sagte: „Die sinllllllllllll mächtig und vage zugleich" Also dieses „mächtig und vage zugleich" kam wie aus der Pistole geschossen ebenso wie der Einstieg. Aber dazwischen war ein Hänger. Ich merkte, ich kriege meine Sprache nicht in den Griff.« (Akteur A, S. 5)

Hier zeigt sich, wie die von Zillig herausgestellte »Vagheit« von Intentionen ein Hindernis bei ihrer Rekonstruktion im dramatischen Text ist , da die Intentionen »im Verhältnis zu den ´scharfen´ sprachlichen Darstellungen von

Intentionen, unscharfe mentale Gebilde [sind]. Sie sind nicht gefüllt mit ihren tatsächlichen Realisierungen« (Zillig 1994, S.137). Im besonderen gilt diese Vagheit für indirekte Sprechakte. Ihre primäre illokutionäre Rolle ist deshalb so schwer zu rekonstruieren, weil erst die Einbettung in den „richtigen" situativen Kontext die Nuancierung der funktionsäquivalenten Varianten verdeutlicht und eine Auswahl ermöglicht.

Auch die in Kapitel 3.2.4 dargestellte Polyvalenz der Intention, sowie deren fehlende Kompaktheit[105] und die unterschiedlichen Intentionen, die ein Sprechakt auf den vier von Schmachtenberg beschriebenen Ebenen haben kann, erschweren - besonders beim Lernen - das Verständnis der Intention respektive des Sprechakttyps. Für den Schauspieler ist zu beachten, dass der vom Autor gewählte Sprechakt jeder der Kommunikationsebenen insofern gerecht werden muß, als er die ebenenrelevanten Intentionen in sich vereint.

»An expression may be verbal or non verbal, it may be made up of a declaration, it may be merely a gesture. An intention, on the other hand, may be tacit, or it may be expressed. But what is the natural expression of an intention? [...] An expression does not always uncover an intention, there is ist indeterminacy, there is the indeterminacy of the other.« (Natoli 1998, S.59)

Hilfreich ist allein, die Intensität der Sprechakte anhand der Stärke der scenic action herauszufiltern. Die »Inventarliste potentieller Illokutions-indikatoren« (Schmachtenberg 1982, S.37) der Intensität, die im angeführten Beispiel den Nachdruck, mit dem die Hilfe angefordert wird, bestimmen, sind dabei nur vereinzelt untersucht worden (cf. Cornelissen 1985 S.65f).

---

[105] »Die Intention ist nicht kompakt real, sondern sie schwebt als Gebilde aus verschiedenen Potentialitäten.« (Zillig 1994, S. 137)

6.3 Das Ausbleiben perlokutionärer Effekte

»*Dass* überhaupt der Angesprochene versuchen wird, die Relevanzebene für einen geäußerten Sprechakt festzustellen, ist die vom Sprecher stillschweigend gemachte Annahme über das Verhalten des Angesprochenen im Sinne einer Kooperationsbereitschaft [...].« (Cornelissen 1985, S.48)

Die psychotechnischen Methoden legen nahe, dass die intendierten perlokutionären Effekte der Wirklichkeit$_{drama}$ von den Darstellern erlebt werden. Dies ist sehr selten der Fall, da dieser Aspekt nicht in den Schauspielschulen vermittelt wird. Das Erleben perlokutionärer Effekte wird so oft schauspielerseitig von vornherein ausgeklammert und nicht als Ursache für Fehlleistungen erkannt. Wie konstitutiv die Ver-wirklichung der Figurencharakterisierung ist, wurde bereits in Kapitel 3.1.1 und 3.1.2 verdeutlicht.

6.4 Die Variabilität des situativen Kontextes

In einer elaborierteren Version des Stichwortlernens wird der Text der Dialogpartner auf ein Tonband gesprochen. Die Wiedergabe simuliert den Szenenablauf, in den der zu lernende Text hineingesprochen wird.

»Ich ging in meinem Zimmer rum und hatte halt die Mappe, und dann dachte ich mir, ich mache das an der und der Stelle X, mit der Mappe , habe meinen Text gesagt, und stellte plötzlich fest, irgendwie bin ich da so rübergestrichen an der Stelle, ich hatte die auf Band aufgenommen, die Gegenstimme, und habe in der Situation das gemacht. Und das habe ich registriert, dann habe ich wieder angefangen, ging weiter und habe das dann bewußt eingesetzt. Und dann, aha, Reißverschluß habe ich plötzlich zugemacht, gut an der Stelle Reißverschluß zu. Und bin ein Stückchen weiter dahingekommen. Und konnte das dann gnadenlos so abspulen.« (Akteur A, S.7)

Hier lernt der Schauspieler also situative Bedingungen mit, die gar nicht der Bühnensituation entsprechen und schnell zu Fehlleistungen führen, wie die von Akteur A, S. 5.[106] Arendts schließt sich dem an.

»Das „Stichwort" der Partner als mnemotechnisch wirksame Lern- und Merkhilfe [...] macht eigentlich keinen Sinn.[...] Gerade weil, wie man z.b. vom Vokabellernen weiß, ein Stimulus nicht unbedingt die richtige Response auslöst, greift man ja zu mnemotechnischen Tricks.« (Arendts 1994, S. 211)

Erst die Konzentration auf den situativen Kontext der Wirklichkeit$_{drama}$ führt zu der erstrebten Ver-wirklichung der Kommunikationssituation.

»He realized that he felt comfortable on the stage because, by centering his attention on the perceptions and situations of his body, he was drawing his attention away from what was happeining on the other side of the footlights - beyond the black and terrible side of the proscenium arch. He ceased to be afraid of the audience.« (Strasberg 1988, S. 50)

Den Kontext zu generieren, »immer auch zu überlegen, aus welcher Situation man kommt. Das vergessen auch die meisten. [...] Du fängst aber schon hinter dem Auftritt an zu spielen. Da bist du dann in der Situation und das ist es worum es geht: die Konzentration « (Akteur B, S. 3). Fehlt die Konzentration auf den situativen Kontext, kommt es zu Blackouts.

---

[106] Der Psychologe Wippich hat herausgefunden, dass lediglich die Vorstellung des Raums, in dem Versuchspersonen Lernmaterial zuerst aufgenommen hatten, die Reproduktion günstig beeinflußt und somit als Optimierungstechnik anzusehen ist.

» Und steh also am Auftritt und hab mich gefreut richtig hahahah, gleich veräppel ich die, gleich nehme ich die auf die Schulter. Und bringe die zum lachen und war also ganz ganz erfreut und besonnen, es gleich auf der Bühne richtig knallen zu lassen. Die Tür geht auf, ich komme auf die Bühne und ich habe gedacht, ich falle gleich tot in Ohnmacht. Ich stand im Schweiß sofort. Herrgott, was machst du hier? Ich war komplett privat auf der Bühne. Privat in einem Kostüm. Ich hab die Zuschauer gesehen, ich hab alles gesehen. Ich hab die Bühne, alles und war, konzentriere dich, ich kriegte nicht die Kurve, es ging überhaupt nicht. Ich wußte nicht, warum ich da war, es war wie gesagt, die letzte Aufführung, wir hatten es oft genug gespielt.« (Akteur B, S. 3)

6.5 Subjektive Sequenzbildungsmuster

Der dramatische Text stellt mit den vom Autor vorgegeben Sprechakten und der damit einhergehenden literarischen Stilisierung besondere Herausforderungen an den Darsteller.[107] In den meisten Fällen hat der Verfasser der Rollenfigur Sequenzbildungsmuster zugewiesen, die nicht denen der Sprachkompetenz des Darstellers entsprechen. Diese Differenz, die auch auf der syntaktischen Ebene bestehen kann, führt zu erheblichen Störungen im Lernen und verunsichert die Reproduktion. Ein immer häufiger auftretendes Resultat ist, dass die Textsequenzen den Sprachgewohnheiten der Darsteller angepaßt werden.

»Wie, was wir jetzt gemacht haben bei „Dalli Dalli rechts" das war so toll, wir hatten eine, eine Idee gehabt und haben dann den Text erfunden, innerhalb von ein paar Minuten, wir haben immer über die Situationen gesprochen und auf einmal war der Text da [...] Das war wirklich, war wirklich irre, und dadurch hat der Text auch gestimmt, weil wir ihn selbst erfunden hatten,

---

[107] Psycholinguistische Untersuchungen von Underwood und Postman haben im Rahmen der Assoziationspsychologie bereits die sprachlichen Gewohnheiten und der Einfluß auf den Lernerfolg untersucht (cf. Arendts 1994, A.52)

der kam aus dir selbst heraus, aus der Figur, die du die du in dich hineingesetzt hast, und dadurch stimmte der, du brauchtest nirgendwo verändern. Manchmal mußtest du's verändern, weil die Situation vielleicht ein bißchen anders man haben wollte, ne, wo ich aber, wo ich zum Beispiel, wie's mir gegangen ist, wo ich für die, für diese Figur gekämpft habe weil sie etwas ausstellen wollte, sich erklären wollte zudem und das habt ihr mir durch die durch die Situation, die Situation hat es mir kaputt gemacht und damit hab ich mir jetzt, mich damit abgefunden beziehungsweise ich hab es ein bißchen verändert auch das, was war.« (Akteur F, S. 8)

Neben den hier aufgeführten Fehlerquellen sind sicherlich weitere denkbar. Der begrenzte Umfang dieser Arbeit macht allerdings die Beschränkung auf einige wenige Beispiele notwendig. Die angeführten Beispiele dienen daher in erster Linie der Verbildlichung der relevanten Hypothese. Wie einigen Interviewaussagen zu entnehmen ist, kann ein Großteil der Fehlleistungen durch eine adäquate Vorbereitung mit dem Stanislawski-System entgegengewirkt werden. Zu hoffen bleibt, dass die Darsteller von Beginn ihrer Laufbahn an mit diesem System vertraut gemacht werden. Sprechakttheorie und Schauspieltheorie können dabei zu einem Analyse- und Lernsystem verbunden werden, dass dem Schauspieler eine größere Handlungssicherheit in der Wirklichkeit$_{drama}$ vermittelt.

7. Typologie der Fehlleistungen

Ein Resümee, besonders eines, das zur Erstellung eines Modells dienen soll, will nicht nur in kürzester Form als Zusammenfassung dienen, sondern darüber hinaus auch als Grundlage für weitere Forschungen dienen, die im Rahmen der vorliegenden Arbeit nicht geleistet werden können. Pragmatisches Forschen in der Linguistik arbeitet viel zu selten mit den Ergebnissen qualitativer Auswertungen resp. empirischen Material. Warum dies? Auf der einen Seite ergibt sich aufgrund der Komplexität des Untersuchungsgegenstandes - wie auch im hier vorgelegten Beispiel - eine kaum zu überschauende Anzahl zu untersuchender Variablen. Da notwendigerweise die Auseinandersetzung mit den kleinsten Einheiten sprachlichen Handelns zuerst nahezu abgeschlossen sein sollte (cf. Ballmer 1979, Engelkamp 1990), bevor komplexeres Sprachhandeln oder gar Fehlleistungen im Rahmen dieses Handelns in den Fokus rücken, stünde letzteres eigentlich noch lange nicht an.

Auf der anderen Seite hat diese Arbeit deutlich gemacht, wie neue 'komplexe' und 'einfache' Untersuchungen und Modellbildungsversuche voneinander profitieren können. So konnte z.B. herausgestellt werden, dass nicht nur Searle's Verständnis der Fiktionalität von Sprechakten (Searle 1975, S. 324), sondern auch die Konzepte zu 'pretending to communicate' (Parret 1993) und zur 'Täuschung' (Giese 1992, Klemm 1984) sowie zur 'Intention' (Cohen 1990) durchaus hinterfragt werden müssen. Doch nicht nur das linguistische Verständnis von Sprechhandeln im theatralischen Kontext muß verbessert werden, auch das Verständnis der Linguisten von theatralischem Handeln überhaupt muß reifen, um eine solche Auseinandersetzung zu leisten. So hat z.B. Imma Klemm versucht, die theoretischen Zusammenhänge schauspielerischen

Handelns für ihre Untersuchung fruchtbar zu machen. Aufgrund tiefgreifender Mißverständnisse im Bereich der schauspielerischen Vorbereitung allerdings ohne ausreichenden Erfolg (cf. Klemm 1984, S. 158f). In ihren Ausführungen wird deutlich, dass sie das Bühnenhandeln als 'Täuschung' versteht. Dieses Auffassung wurde im Rahmen dieser Arbeit als unzureichend herausgestellt. Die allgemeine Verfügbarkeit schauspieltheoretischer Werke, wie die von Strasberg, Stanislawski et al. sollte eigentlich Anreiz sein, Schauspieltheorie zu integrieren, anstatt sie wie Klemm zu ignorieren. Weitere Arbeiten wie die von Trobisch (Trobisch 1993) stechen aufgrund ihrer unvollständigen Recherche hervor: eine Untersuchung von „Verfahren der Schauspieler-Ausbildung", die sich im Rahmen Stanislawskischen Erbes ansiedelt und dabei eine „Haupterbin" nämlich Stella Adler gänzlich ausläßt, sollte nicht als Referenzwerk für weiteres Forschen gesehen werden.

Allein die beiden nur kurz aufgeführten Aspekte verdeutlichen die Notwendigkeit der hier vorgelegten Arbeit und einer weiteren Auseinandersetzung mit der Problematik im Spannungsfeld von Sprechakttheorie und Darstellungskunst.

Es handelt sich hierbei nicht um einen isolierten Aspekt, sondern einen integralen Teil der Untersuchung sprachlichen Handelns auf einer überprüfbaren Ebene.

'Überprüfbar' deshalb, weil die Sprechakte in ihrer lautlichen und syntaktischen Form bereits feststehen und somit konkretes Untersuchungsmaterial bieten. Als 'sprachliches Handeln' ist es aufgrund der Intentionsrekonstruktion und der 'Ver-wirklichung' der jeweiligen Sprech- und Handlungssituation zu bezeichnen. Und letztlich ist es ein 'integraler' Teil, weil der Vorgang der Wiedergabe vorgegebener Sprechakte ein Aspekt sprachlichen Handelns auch außerhalb der transitorischen Bühnensituation zu finden ist, wie z.B. bei ritualisierten Sprechakten (cf. Karabalic 1994), in der kirchlichen Predigt, im juristischen Plädoyer oder gar im Alltag in der Sprachhandlung EINEN WITZ ERZÄHLEN (Marfurt 1977, Ulrich 1993).

Aus diesen Gründen ist es unerläßlich, die in Kapitel sechs vorgenommene Klassifikation in ein Modell zu überführen und somit operabel zu machen. Die Klassen sollen gemäß ihrer Beschreibung im vorhergehenden Kapitel als „**Weltenwechsel**" (Kaptiel 6.1), „**Intentionsrekonstruktion**" (Kapitel 6.2), „**Perlokutionsnegation**" (Kapitel 6.3), „**Kontextvariabilität**" (Kapitel 6.4) und „**Sequenzbildungsdivergenzen**" (Kapitel 6.5) betitelt werden.

In der ersten Auseinandersetzung mit dem dramatischen Text sollte eine *Intentionsrekonstruktion* (S. 91f) stattfinden, die die Klassifikation der Sprechakte ermöglicht. Aufgrund der in dieser Arbeit aufgefundenen Faktoren der Vagheit sprachlicher Intentionen (Zillig 1994), der Polyintentionalität, besonders bei indirekten Sprechakten, wird die Rekonstruktion erheblich erschwert und eine gründliche Auseinandersetzung damit daher zu einem wichtigen Teil des Textverständnisses. Dabei gilt: je genauer und spezifischer die Intentionsrekonstruktion, desto größer das Textverständnis und desto mehr werden die Behaltensleitungen erleichtert und die Fehlleistungen minimiert (Anhang: Akteur F, Seite 1). Allerdings mußte in den Interviews festgestellt werden, dass die meisten Ausbildungsinstitute aus zweierlei Gründen indirekt Fehlleistungen Vorschub leisten: zum einen wird die Intentionsrekonstruktion, so wie wir sie bei Stanislawski finden, nicht eingehend genug (wenn überhaupt) unterrichtet (cf. Ahrends 1994) und zum anderen wird durch die Konzentration auf die Textarbeit eine Konzentration auf die Textsicherheit antizipiert, die ein sofortiges Lernen der Dramentexte vor die Intentionsrekonstruktion und somit die Sequenzbildung stellt. Doch bereits die Gedächtnisforschung beweist, dass ´sinnlose´ Wortverbindungen schwer zu behalten sind (cf. Engelkamp 1990). Als ´sinnlose´ Wortfolgen gelten im Dramentext die zu lernenden grammatikalischen Einheiten solange, bis ihnen durch Intentionsrekonstruktion und Sequenzbildungsmuster Bedeutung im Rahmen sprachlichen Handelns zugewiesen wurde. Sicherlich gibt es außerhalb des naturalistischen Theaters auch dramatische Texte, die gerade auf solchen sinnlosen Wortfolgen aufbauen wie „Warten auf Godot" (Becket). Einzige Hilfe für das Lernen und Reproduzieren böten hier die Gedächtnistheorien im Rahmen der Mnemotechnik (cf. Yates 1990).

Maßgeblich beeinflußt wird die Fähigkeit zur Intentionsrekonstruktion von der Divergenz zwischen den Sequenzbildungsmustern der dramatischen Charaktere und denen des Darstellers. Die *Sequenzbildungsdivergenzen* (S.94) können dabei entweder auf syntaktischer (Versform bei „Faust" (Goethe)) oder semantischer (Nonsenstexte bei „Die kahle Sängerin" (Ionesco)) Ebene auftreten und das Lernen je nach Grad der Divergenz erheblich stören. Daher sollte der Darsteller- besonders in der folgenden Probenarbeit - Wert darauf legen, die eigenen Sprachgewohnheiten nur schrittweise im Verlauf der Proben gegen die der dramatischen Figur einzutauschen, um sie letztendlich gänzlich zu verinnerlichen und nicht als Teil der Behaltensleistung abzurufen sondern als Teil der Charakterbiographie (S. 32f) zu erleben.

In diesem Zusammenhang ist es wenig verwunderlich. dass der so ausgebildete Darsteller durch das Ausbleiben perlokutionärer Effekte die Bindung an die Wirklichkeitdrama verliert. Auch hier steht die fehlende

Anleitung während der Ausbildung im engen Zusammenhang mit der mangelnden Fähigkeit der Darsteller bei der Evozierung perlokutionärer Effekte, wie wir sie bei Stanislawskis Methode finden. Die Auswirkungen dieses Mankos, also des Umgangs mit *Perlokutionsnegation* (S. 92f) in der Wirklichkeitdrama, wird sich auch im Aspekt Weltenwechsel wiederfinden ('Zigarettenbeispiel' S. 90).

Nach der Auseinandersetzung mit dem Text als verschriftlichem Dialog folgt die Rekonstruktion des Dialogischen in der sprachlichen Äußerung und somit die Phase des "Textlernens". Hier spielt die *Kontextvariabilität* (S. 93f) eine entscheidende Rolle. Die situativen Bedingungen der Probensituation stehen dabei in Konkurrenz zu denen der späteren Aufführungskulisse (da zumeist auf rudimentären Probebühnen ohne Bühnenaufbauten geprobt wird). Darüber hinaus erarbeitet der Darsteller die Textsicherheit zumeist in dieser Probensituation oder allein zu Hause. Jegliche Hilfsmittel (cf. S. 93f) - auch Kostüme, Frisuren etc. dienen dabei als Hilfsmittel - können im Sinne des **cued recalls** (S- 32) einen falschen Stimulus für den Abruf des Textes beinhalten. Der Kontextvariabilität kann also nur entgegengewirkt werden, wenn die situativen Bedingungen der Wirklichkeit$_{drama}$ schauspielerseitig vollständig akzeptiert werden und somit alle Kontextvariabilität von vornherein ausgeschlossen wird.

Der *Weltenwechsel*, also die eigentliche Transaktionsleistung des Schauspielers der SAr in die SAd kommt nun nach den aufgeführten Präliminarien in der Aufführung zum Tragen. Hier fällt das situationsgebundene Repertoire mit der Speicherleistung, die Konzentration auf die situativen Begebenheiten und der entwickelten Kohärenz des Wirklichkeitsablaufs zusammen. Die daraus entstehende Wirklichkeit$_{drama}$ ist jedoch nicht nur durch das Bühnenbild *um*, sondern auch durch den inneren Film (cf. S. 34) **im** Darsteller angelegt. Und so kann das Beispiel der brennenden Zigarette (S:90) nunmehr aufgelöst werden: es kann insofern von einer dritten Ebene gesprochen werden als die Zigarette in der internen Wirklichkeit$_{drama}$ des/der Darsteller/s tatsächlich brennt. Das bedeutet, dass bei "richtiger" Vorbereitung im Stanislawskischen Sinne nicht nur die Zigarette brennt, sondern dass auf dieser Ebene auch die Perlokutionsnegation entfällt, weil durch sensumotorische und audiovisuelle Stimuli die Perlokutionseffekte durch den Darsteller hervorgerufen werden.

8. Das Modell der Reproduktionsfehlleistungen

Ausgehend von den fünf Klassen, die im vorhergehenden Kapitel resümiert wurden, läßt sich grundlegend festhalten, dass drei Arten von Fehlleistungen anzunehmen sind: die Versprecher, die Hänger und die Fehlleistungen, die im weitesten Sinne physischer Natur sind. Diese Unterscheidung basiert auf der Tatsache, dass die Fehlleistungen beim Abruf von Sprechakten - **Hängern** - und die Fehlleistungen in der phonetischen Umsetzung der Sprechakte - **Versprechern** - gegeneinander abgegrenzt werden müssen. Eine eindeutige Zuordnung der gefundenen Beispiele ist dabei nicht immer ohne weiteres möglich, da auf der einen Seite der Grund für die Fehlleistung auf der Ebene vor deren Zutagetreten, also zumeist in der Vorbereitung, anzusiedeln ist. Auf der anderen Seite können die Effekte beiderlei Arten von Fehlleistungen zur Folge haben: liegt bei Schauspieler "S" die Konzentration zu sehr auf der Methodik des Weltenwechsels, kann es zu Konzentrationsschwächen und somit zu Versprechern, aber eben genauso zu Hängern kommen (Anhang: Akteur A, Seite 5). Während also die Hänger eher auf Schwächen in der Vorbereitung wie auch auf Konzentrationsschwächen bei der Aufführung zurückzuführen sind, liegen die Versprecherfehlleistungen fast ausschließlich eher im Moment, durch Konzentrationsschwächen ausgelöst.

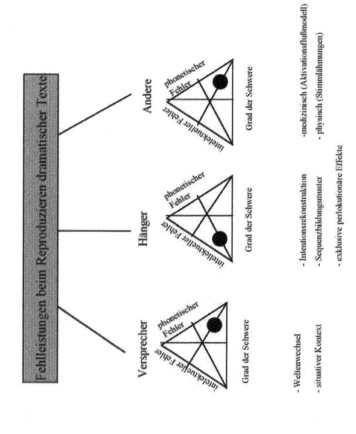

Fehlleistungen beim Reproduzieren dramatischer Texte

Versprecher

phonetischer Fehler

intellektueller Fehler

Grad der Schwere

- Weltenwechsel
- situativer Kontext

Hänger

phonetischer Fehler

intellektueller Fehler

Grad der Schwere

- Intentionsrekonstruktion
- Sequenzbildungsmuster
- exklusive perlokutionäre Effekte

Andere

phonetischer Fehler

intellektueller Fehler

Grad der Schwere

- medizinisch (Aktivationsflußmodell)
- physisch (Stimmlähmungen)

Es zeigt sich ganz deutlich, dass die Fehlleistungen, die intellektuell motiviert sind, hauptsächlich im Bereich der ′Hänger′ angesiedelt werden müssen. Dieser Umstand hängt mit der Stellung in der Abfolge schauspielerischer Vorbereitung zusammen. Die Intentionsrekonstruktion und mit ihr die exklusiven perlokutionären Effekte wie auch die Sequenzbildungsmuster werden während der Vorbereitung des Schauspielers festgelegt. Sind sie nicht spezifisch genug und ungenau festgelegt, bieten sie sehr viele Angriffsmöglichkeiten während der Reproduktion. Die ′**Versprecher**′ sind in erster Linie phonetische Phänomene, die aufgrund von Konzentrationsschwächen während der Aufführung auftreten. Sie werden zwar indirekt auch durch die schauspielerische Vorbereitung mitbeeinflußt -s.o.-, doch führen die mangelnde Konzentration auf den jeweiligen situativen Kontext und den Weltenwechsel in der Aufführungssituationen zu den Fehlleistungen. Bei der Kategorie ′**Andere**′ begibt sich die Linguistik sicherlich in Grenzbereiche zu weiteren Disziplinen, wie der Gehirnphysiologie, der Psycholinguistik wie auch der Medizin. Die in den Interviews gefundenen Fehlleistungen können allerdings auch hier eingeordnet werden, wie die von Akteur A (Anhang: Akteur A, Seite 5) berichteten Stimmlähmungen. Weitere Interviews bieten auch hier die Möglichkeit, aussagekräftige Fehlleistungen zu untersuchen und zu klassifizieren..

Ein abschließendes Wort noch zur graphischen Umsetzung. Der Grad der Schwere wurde aus folgendem Grund in das Modell aufgenommen: bei weiteren qualitativen und quantitativen Forschungen können so die einzelnen Beispiele genau klassifiziert werden. Dies und die gewählte Dreiecksform erlauben neben der qualitativen auch eine quantitative Klassifikation der Fehlleistungen und können somit auch folgenden Forschungen dienen.

Aus dieser Kombinationsmöglichkeit ergibt sich eine graduelle Unterscheidung nach intellektuellen, und phonetischen Ursachen. Bezogen auf die festgestellten Klassen ergibt sich also: der Weltenwechsel und die Intentionsrekonstruktion liegen eher auf der intellektuellen Ebene im Bereich der Hänger, denn werden die vorbereitenden Maßnahmen für die Ver-wirklichung der Sprechakte$_{drama}$ nicht gründlich genug ausgeführt, stehen sie während der Aufführung nicht in der nötigen Stärke zur Verfügung.

Wie sehr die Kategorien sich gegenseitig bedingen, verdeutlicht folgende Beispiele: die Perlokutionsnegation muß im Schnittfeld zwischen Versprecher und Hänger angesiedelt werden, da sie auf der einen Seite die durch sie entstehenden Fehlleistungen einen Mangel an Konzentration aufzeigt (Manderino 1985). Auf der anderen Seite ist sie die Ursache für die Fehlleistung durch lückenhafte Intentionsrekonstruktion. Im Rahmen sprachlichen Handelns bedeutet dies aber auch, dass durch die sequenzabhängigen Sprechakte, alltagssprachlich als „Reaktionen" benannt, die Gefahr besteht , dass diese auch auf rein phonetischer Ebene ausbleiben, weil der Schauspieler die Kommunikation nicht erlebt, sie deshalb quasi nicht für kommunikationsrelevant erachtet. Die Sequenzbildungsmuster können ebenfalls im Schnittfeld angesiedelt werden, da auf der einen Seite bestimmte Wortfolgen zu unterschiedlichen Sequenzbildungsmustern oder gar literarischen Gattungen gehören können, die dem Sprachverhalten des Darstellers ungewohnt erscheinen. Andererseits fußen die Sequenzbildungsmuster der Charaktere des dramatischen Textes auf bestimmten psychologischen Eigenschaften, die eigentlich in der Vorbereitung vom Darsteller erarbeitet werden. Ist der Schauspieler nicht in die Deckungsgleichheit mit den Reaktionsmustern der dramatischen Figur gelangt, fällt es ihm natürlich schwer, dessen Sequenzbildungsmustern - z.B. im Streit - nachzuempfinden.

Der Kontextvariabilität letztlich läßt sich eher den Hängern zuordnen. Denn im Hinblick auf die Tatsache, dass bei den Proben ein cue/recall Verfahren eingeleitet wird, in dem Sprechakte mit Bühnengängen oder Requisiten verknüpft werden, stellen dies Verknüpfungen Schwachstellen in der Aufführung dar. Befindet sich die Requisite (Anhang: Akteur E, Seite 2) nicht im richtigen Umfeld, schlägt der komplette Recall fehl. Natürlich ist auch die Situation denkbar, dass ein fehlende oder falsche oder nicht funktionierende Requisite zum Konzentrationsverlust und somit auch zu Versprechern führen kann, doch wurde in den Umfragen kein direkter Beleg dafür entdeckt.

Neben den Erklärungen der Schauspieler und des Autors stehen die der Psycholinguistik (cf. Engelkamp 1990), die bezüglich ihrer Richtigkeit nicht angezweifelt werden, bisher allerdings nicht auf die Komplexität der hier untersuchten Situation angewendet wurden. Abschliessend sollte folgende Bemerkung nicht fehlen: vergessen werden darf bei einer solchen Befragung, wie der hier vorliegenden, nicht die Eitelkeit der Darsteller in der Selbstreflektion wie auch die individuelle Form letzterer. Nicht jeder Darsteller hinterfragt die 'Gefahren der Perlokutionsnegation' und ist somit nicht automatisch sensibilisiert für ebensolche Vorkommnisse in seinem Schauspielalltag.

9. Ein Blick in die methodologische Zukunft pragmatischer Linguistik

»Einige zwingende Gründe sprechen dafür, dass die Sprechakttheorie langsam von viel komplexeren, facettenreichen pragmatischen Ansätzen zu den Äußerungsfunktionen abgelöst werden könnte.[...] Ein zentrales Konzept [...] ist die Vorstellung eines Sprechereignisses oder einer kulturell anerkannten gesellschaftlichen Aktivität, in der die Sprache eine spezifische und ziemliche spezialisierte Rolle spielt [...].« (Levinson 1990, S. 278)

In der Tat werden, wie in dieser Arbeit gezeigt, die bisherigen Forschungen den interessanteren Bereichen sprachlichen Handelns nicht gerecht. Die stockende Auseinandersetzung wird dabei aus zweierlei Gründen vermieden. Auf der einen Seite steht der schauspielseitige Umgang mit der Bühnensituation. Erst langsam setzt sich der psychologische Ansatz Stanislawskis in Europa gegen den vorherrschenden rhetorischen durch.[108] Die damit verbundene Umwälzung im Umgang mit dem dramatischen Text ermöglicht - wie es in den USA bereits gängige Praxis ist (Courtney 1990) - eine Reorganisation der Wirklichkeitsbezüge. Wie sich herausstellt, ist der Weg vom

---

[108] Eigentlich ist es Stanislawski zu verdanken, dass die Schauspieler ein handlungsbeschreibendes Vokabular haben, das sie allerdings aus Unwissenheit nicht verwenden. Arendts rekurriert auf das in ihrer MA gezeigte Interesse an Lernhilfen (1994, S. 256). In der Tat reagieren viele Schauspieler mit Interesse an der Möglichkeit zur Verbesserung ihrer Lernmethodik .
»Fast über, weit über zehn Jahren hab ich nur optisch gelernt und ich wußte dann genau dann war das drin und dann stand ich auf der Bühne und hab eigentlich gar nichts mehr zu denken. Es lief. Und bis ich dann auf einmal auf einen Punkt kam, auch wo mir das bewußt wurde, wo ich dann etwas wollte damit. Jetzt, seit dieser Zeit lern ich nur noch vom Sinn her, und das ist dann, aber wenn der Sinn und das was ich will eigentlich nicht so ganz zusammen kommt, hab ich Schwierigkeiten damit.« (Akteur F, S.1) Die Forderung nach Einbindung von Lernmethoden in den Lehrplan der Schauspielschulen (cf. Arendts 1994, S.258)ist also durchaus gerechtfertigt.

„parasitären Sprechakt" (Austin 1972, S. 43) zum Verständnis des dramatischen Dialogs als auf einer innerfiktive Ebene wirklich und autonom mit Schmachten- berg (1982) und Cornelissen (1986) vorsichtig beschritten worden. Das von Schmachtenberg vorgelegte Kommunikationsmodell verdeutlicht, wie sehr die drameninterne Dialogsituation der Kommunikationssituation ähnelt, ihr aber nicht nachempfunden ist. Hier schließt sich der zweite Grund für den zögerlichen Umgang mit der sprechakttheoretischen Aufführungsanalyse dramatischer Texte und deren Bühnensituationen an. Der neu postulierte Bezug der Wirklichkeiten, im Besonderen ihre Äquivalenz der Erlebensintensität für Zuschauer und Schauspieler, müssen von den sie untersuchenden Wissen- schaften neu definiert werden. Es reicht nicht aus, die Wirklichkeit$_{drama}$ als Nach- erzählung der Wirklichkeit$_{real}$ darzustellen. Denn, wie Courtney beschreibt, verschwinden die Grenzen des „Als-Ob" zugunsten des „Sein".

Der Aspekt des Probens wird hier sehr schnell vom Unterscheidungs- kriterium zum Verbindungsglied. Sprechakte proben und anschließend in einem anderen situativen Kontext wiedergeben, kann keinesfalls Merkmal allein darstellerischer Arbeit sein. Für das Bewerbungsgespräch, für den institutionellen Akt der Eheschließung, für ein Streitgespräch mit Kollegen oder Partnern, selbst für die Flugangstbewältigung begibt sich der Sprecher in die Situation einer Wirklichkeit$_{drama}$. Letzteres Beispiel ist sogar auf die zweifelsfreie Akzeptanz von Wirklichkeit$_{drama}$ angewiesen, um so den Angstpatienten in der Simulation durch das ver-wirklichte Erleben kontrolliert und jederzeit beendbar in der angstauslösenden Situation halten zu können. Sicherlich sind auch Gefahren mit der Austauschbarkeit der Wirklichkeiten verbunden, wie das

Massaker der Jugendlichen in Littleton[109] zeigt. Die Täter waren wahrscheinlich so tief in Wirklichkeit$_{drama}$ des Kinofilms „The Matrix" (Warner Bros, 1998) eingetaucht, dass sie aufgrund der Wirklichkeitsüberlagerung Handlungsmotive aus dem Film auf sich und ihre Umgebung transferierten.

Neben dieser Neuorientierung im Verständnis steht ein weiterer Aspekt, der durch die interdisziplinäre Forschung nach menschlichem bzw. Sprachlichem Handeln in den Vordergrund tritt. Ergebnisse der Untersuchungen können durchaus Einfluß z.B. auf die angewandte Linguistik und die verbliebene rhetorische Ausbildung im universitären Unterricht haben. Denn nicht nur die rhetorische Ausbildung von Theologen, Juristen oder Lehrkräften kann davon profitieren, dass sprechakttheoretisches Analysieren gepaart mit schauspieltheoretischem Wirklichkeitsverständnis eine umfassendere Vorbereitung auf Predigten, Plädoyers oder komplexe Unterrichtseinheiten bietet, als dies bis jetzt der Fall ist.

Auch das Literaturwissenschaftsstudium, das u.a. auch zum Verfassen literarischer Texte befähigen soll, kann die Erkenntnisse zu sequenzbildenden Prinzipien und zur Strategie von Sprechakten vermitteln, um die Qualität dramatischer literarischer Texte zu verbessern - dies allerdings nicht normativ im Sinne eines Regelwerks sondern unterstützend, indem sie Hilfestellung leistet beim Verfassen sprachlicher Handlungen, wie z.B. Theaterdialogen.

Sicherlich benötigt die wissenschaftliche Untersuchung die Klassifikationsvorlagen, die u.a. Schmachtenberg diskutiert und zu verbessern sucht

---

[109] Das Massaker an der High-School von Littleton (Denver, Colorado) fand am

154

(Schmachtenberg 1982, S. 53ff). Für den Schauspieler oder den Schauspiellehrer kann allerdings eine solche Klassifikation ebenfalls von Nutzen sein. Hilft sie doch, viel schneller das Gerüst der dramatischen Kommunikation und den Aufbau des Figurencharakters, z.b. anhand rekurrierender Sprechakte oder Sequenzmuster, zu erfassen und 'richtig' zu lernen. Ein gutes Beispiel ist die von Schmachtenberg in Anlehnung an Wunderlich vorgenommene weiterführende Unterscheidung von Frage und Aufforderungshandlungen.

Der Versuch einer Zuordnung wurde im Rahmen dieser Arbeit gestartet, allerdings nicht mit einem endgültigen Ergebnis, sondern als Verständnishilfe für die Zusammenführung zweier bis dato extrem getrennter Arbeitsfelder - Linguistik und Schauspiel. Zukünftig kann also eine weitergehende wissenschaftliche Untersuchung praxisrelevante Forschung - verbunden mit umfassenderem Erhebungsmaterial - erfolgen. U.a. kann dort auch die Untersuchung der Unterscheidung zwischen einer wirklichen Frage und einer Prüfungsfrage erörtert und nutzbar gemacht werden, da beide unterschiedliche Intentionen haben. Prüfungskandidaten kann so auch durch diese Sichtweise die Angst genommen werden. Im Hinblick auf die vielfachen Einsatzmöglichkeiten interdisziplinärer Forschung ist die Manifestierung einer Disziplin, die Schmachtenbergs (1982), Arendts' (1994) et. al. Ergebnissen ein Forum bietet, durchaus einen Gedanken wert.

20.4.1999 statt.

»Der Londoner Bischof unterhielt sich mit dem Schauspieler Betterton. „Ihr sprecht auf der Bühne", sagte die Eminenz, „von lauter erdichteten Dingen. Jeder weiß, dass eure Worte erfunden sind, und jedermann glaubt euch, ist überzeugt und gerührt. Wir hingegen verkünden von der Kanzel nichts als die reine Wahrheit, reden von Tatsachen und Geschehnissen, und niemand schenkt uns mehr Glauben als der Dichtung und den Dichtern. Wie geht das zu, Mr. Betterton, wie erklären Sie sich diesen Tatbestand?"

„Mylord, das ist sehr einfach", entgegnete der Schauspieler, „wir sprechen von erdichteten Dingen als ob sie wahr wären. Ihr sprecht von wahren Dingen als ob sie erdichtet wären."« (Drews 1961, S.28)

Quod erat demonstrandum.

10. Literaturverzeichnis

ADLER, S. (1990) The Technique Of Acting. Bantam Books, New York.

AHRENDS, G. (1992) Stanislawski - Neue Aspekte und Perspektiven. Narr, Tübingen.

AHRENDS, G. (1994) Word and Action in Drama. Studies in Honour of Hans-Jürgen Diller on the Occasion of his 60th Birthday. Wissenschaftlicher Verlag, Trier.

AHRENDS, G. (1990) Theaterkunst als kreative Interpretation. Peter Lang, Frankfurt am Main.

ARENDTS, H. (1994) Gedächtnis und Erinnerung in der Schauspielkunst - schauspielerische Lern- und Produktionsprozesse. Hieronymus Buchreproduktion, München.

AITCHINSON, J. (1987) Words in the mind. An Introduction to the mental lexicon. Oxford Press, Oxford.

ANDERSON, J.R (1971) „On an associate trace for sentence memory". In: Journal of verbal learning and verbal behavior 10, Academic Press, New York. S.673-680.

ANDRESEN, H. (1976) „Das Problem der Objektivität linguistischer Theorien." In: Weber, H. (Hrsg.): Sprachtheorie und Pragmatik. Akten des 10. Linguistischen Kolloquiums Tübingen 1975. Niemeyer, Tübingen, S.27-38.

ARISTOTELES (1959) Rhetorik. Übersetzt von P. Gohlke. Schoningh, Paderborn.

ARNOLD, W. (HRSG.) (1977³) Lexikon der Psychologie. Band I/2. Herder, Freiburg.

AUSTIN, J.L.(1981) Zur Theorie der Sprechakte (How to do things with words). Reclam, Ditzingen.

BACHTIN, M. (1979) Die Ästhetik des Wortes. Suhrkamp, Frankfurt am Main.

BALLMER, TH. T. (1979) „Probleme der Klassifikation von Sprechakten", in: Grewendorf, G.(Hrsg.): Sprechakttheorie und Semantik, Suhrkamp, Frankfurt am Main, S.247-274.

BAYER, K. (1984) Sprechen und Situation. Niemeyer, Tübingen.

BAZIN, L. (1997) „Du Butor à Perec: orestiges/vestiges du savoir absolu". In: Kimminich, E. (Hrsg.): Erfundene Wirklichkeiten: literarische und wissenschaftliche Weltentwürfe. Ausgewählte Beiträge zum Deutschen Romanistentag Jena 1997. Schäuble Verlag, Rheinfelden, Berlin, S.157-175.

BECK, G. (1980) Sprechakte und Sprachfunktionen. Reihe Germanistische Linguistik. Niemeyer, Tübingen.

BENNINGHOFF-LÜHL, S. (1998) Figuren des Zitates. Eine Untersuchung zur Funktionsweise übertragener Rede. Metzler, Stuttgart.

BERG, T. (1988) Die Abbildung des Sprachproduktionsprozesses in einem Aktivationsflußmodell: Untersuchung an deutschen und englischen Versprechern. Niemeyer, Tübingen.

BERGHAHN, K. (1970) Formen der Dialogführung in Schillers klassischen Dramen. Aschendorff, Münster.

BERNS, J.J. (HRSG.) (1993) Ars Memorativa: zur kulturgeschichtlichen Bedeutung der Gedächtniskunst. Niemeyer, Tübingen.

BETTEN, A. M. (1976) „Zur Sequenzierung von Sprechakten. Das Problem der Einheitenbildung in längeren Texten". In: Weber, H. (Hrsg.): Sprachtheorie und Pragmatik. Akten des 10. Linguistischen Kolloquiums Tübingen 1975. Niemeyer, Tübingen, S.271-290.

BEYER, M. (1994) „Speech Action in Harold Pinter's No Man's Land". In: Ahrends, G. (Hrsg.): Word and Action in Drama. Studies in Honour of Hans-Jürgen Diller on the Occasion of his 60th Birthday. Wissenschaftlicher Verlag, Trier, S.171-194.

BIERWISCH, M. (1983) „Psychologische Aspekte der Semantik natürlicher Sprachen". In: Motsch, W. (Hrsg.): Richtungen der modernen Semantikforschung. Akademie der Wissenschaften der DDR, Zentralinstitut für Sprachwissenschaft. Akademie-Verlag, Berlin, S.15-64.

BLOOMFIELD, L. (1969[2]) (1933) Language. Allen and Unwin, London.

BLOSS, J. (HRSG.) (1995) Intentionalität - Werte - Kunst. Beiträge zur gleichnamigen Prager Konferenz vom Mai 1992. Goethe-Institut, Filosofia, Prag.

BOLESLAVSKY, R. (1989[32]) (1933) Acting - The first six lessons. Theatre Arts Books, New York.

BOWER, G.H. (HRSG.) (1979) „Scripts in memory for text". In: Cognitive Psychology, II, Academic Press, New York, S.177-200.

BOWSKILL, D. (1977) Acting. Prentice-Hall Inco, Englewood Cliffs, New Jersey.

BRANDSTÄTTER, V. (1992) Der Einfluß von Vorsätzen auf die Handlungsinitiierung. Europäische Hochschulschriften, Reihe VI, Bd. 374, Peter Lang, Frankfurt am Main.

BRATMANN, M.E. (1990) „What is intention?" In: Cohen (Hrsg.): Intentions in communication, MIT Press, Cambridge, S.15-23.

BREDENKAMP, J. (1977) Lern- und Gedächtnispsychologie, 2 Bde. Kohlhammer, Stuttgart.

BREMERICH-VOS, A. (1981) Zur Kritik der Sprechakttheorie - Austin und Searle. Beltz, Weinheim.

BURKHARDT, A. (1990) Speech Acts, meaning and intention. Critical Approaches to the Philosophy of John R. Searle. Walter de Gruyter, Berlin, New York.

BÜHLER, K. (1965[2]) (1934) Sprachtheorie. Die Darstellungsfunktion der Sprache. Fischer, Stuttgart.

158

BÜSCHER, B. (1987) Wirklichkeitstheater, Straßentheater, Freies Theater. Europäische Hochschulschriften, Reihe XXX, Bd. 26. Peter Lang, Frankfurt am Main.

BUZAN, T. (1988) Nichts vergessen. Goldmann Verlag, München.

CEYNOWA, K. (1993) Zwischen Pragmatismus und Fiktionalismus. Hans Vaihingers „Philosophie des Als Ob". Königshausen, Würzburg.

CHISHOLM, R. M. (1992) Die erste Person. Theorie der Referenz und Fiktionalität. Suhrkamp, Frankfurt am Main.

CHRISTENSEN, C. (1991) Language and Intentionality. Königshausen, Würzburg.

CLARK, H.H. (1996) Using Language. Cambridge University Press, Cambridge.

COHEN, Ph. (HRSG.) (1990) Intentions in communication. MIT Press, Cambridge.

CORNELISSEN, R. (1985) Drama und Sprechakttheorie. Die Aufforderungsintensität der Komödien Molières. Franz Steiner Verlag, Wiesbaden.

COURTNEY, R. (1990) Drama and Intelligence. McGill-Queen's University Press, Canada.

CRAIG, W.J. (HRSG.) (1990) The complete Works of William Shakespeare. Edited, with a Glossary by W.J. Craig. Henry Prodes, London.

DÖRNER, D. (1976) Problemlösen als Informationsverarbeitung. Kohlhammer, Stuttgart, Berlin, Köln, Mainz.

DREWS, W. (1961) Theater. Kurt Desch GmbH, München, Wien, Basel.

ECCLES, J. (1984) Das Wunder des Menschseins - Gehirn und Geist. Piper, München.

ENGELKAMP, J. (1986) „Sprache, Wahrnehmung, Denken". In: Bosshardt, H.-G, (Hrsg.): Perspektiven auf Sprachen. Walter de Gruyter, Berlin, S.111-129.

ENGELKAMP, J. (1983) Psycholinguistik. Fink, München.

ENGELKAMP, J. (1990) Das menschliche Gedächtnis. Verlag für Psychologie, Hogrefe, Göttingen, Zürich, Toronto.

EBBINGHAUS, H. (1971) Über das Gedächtnis - Untersuchungen zur experimentellen Psychologie. Wissenschaftliche Buchgesellschaft, Darmstadt.

ELLINGER, G. (HRSG.) (O.J.) E.T.A. Hoffmanns Werke. Berlin Leipzig, Wien, Stuttgart.

FELDBUSCH, E. (HRSG.) (1991) Akten des 25. Linguistischen Kolloquiums Paderborn 1990: Innovation und Anwendung. Niemeyer, Tübingen.

FISCHER-LICHTE, E. (1985) Das Drama und seine Inszenierung. Niemeyer, Tübingen.

FRITZ, G. (1994) Handbuch der Dialoganalyse. Niemeyer, Tübingen.

FUCHS-HEINRITZ, W. (1994[3]) (1973) Lexikon zur Soziologie. Westdeutscher Verlag, Opladen.

GALLIKER, M. (1990) Sprechen und Erinnern. Zur Entwicklung der Affinitätshypothese bezüglich verbaler Vergangenheitsweise. Verlag für Psychologie, Hogrefe, Göttingen.

GIESE, B. (1992) Untersuchungen zur sprachlichen Täuschung. Niemeyer, Tübingen.

GIRTLER, R. (1988) Methoden der qualitativen Sozialforschung: Anleitung zur Feldarbeit. Böhlau Verlag, Wien, Köln, Graz.

GLONING, Th. (1996) Bedeutung, Gebrauch und sprachliche Handlung. Niemeyer, Tübingen.

GREWENDORF, G. (1979) Sprechakttheorie und Semantik. Suhrkamp, Frankfurt am Main.

GÜLICH, E. (1979) Redewiedergabe im Französischen. Beschreibungsmöglichkeiten im Rahmen einer Sprechakttheorie. In: Meyer-Hermann, R. (Hrsg.): Sprechen - Handeln - Interaktion. Niemeyer, Tübingen, S.49-99.

GUMBRECHT, H.U. (1976) „Handlung des Dramas, Drama als Handlung, Sprachhandlungen im Drama. In: Poetica. Zeitschrift für Sprach- und Literaturwissenschaft. Bd. 8. B.R. Grüner, Amsterdam, S.343-346.

GUMBRECHT, H.U. (HRSG.) (1990) Materialität der Kommunikation. Suhrkamp, Frankfurt.

HABERMAS, J. (1981) Theorie des kommunikativen Handelns, Bd. 1: Handlungsrationalität und gesellschaftliche Rationalisierung. Bd. 2: Zur Kritik der funktionalistischen Vernunft. Suhrkamp, Frankfurt am Main.

HABERMAS, J. (1988) „Nachmetaphysisches Denken". In: Protosozologie 4. Protosoziologie Verlag, Frankfurt am Main, S. 128-139.

HALLER, M. (1991) Das Interview. Ein Handbuch für Journalisten. Ölschläger GmbH, München.

HALMWACHS, D. (HRSG.) (1994) Sprache - Sprechen - Handeln: Akten des 28. Linguistischen Kolloquiums Graz. Niemeyer, Tübingen.

HARNISCH, R.M. (1990) „Speech acts and intentionality". In: Burkhardt, A. (Hrsg.): Speech Acts, meaning and intention. Critical Approaches to the Philosophy of John R. Searle. Walter de Gruyter, Berlin, New York, S.169-193.

HARTUNG, W. (1982) „Tätigkeitsorientierte Konzepte in der Linguistik. Ergebnisse, Grenzen, Perspektiven". In: Zeitschrift für Germanistik. Peter Lang, Frankfurt am Main, S.389 - 401.

HELD, KL. (1995) „Intentionalität und Erfüllung". In: Bloss, J. (Hrsg.): Intentionalität - Werte - Kunst. Beiträge zur gleichnamigen Prager Konferenz vom Mai 1992. Goethe Institut Prag, Prag, S.22-31.

HINDELANG, G. (1995) „Frageklassifikation und Dialoganalyse". In: Hindelang, G. / Rolf, E. / Zillig, W. (Hrsg.): Der Gebrauch der Sprache. Festschrift für Franz Hundsnurscher zum 60. Geburtstag. Lit Verlag, Münster, S.177-196.

160

HINDELANG, G. (1978) „Skizze einer Sprechhandlungs-Taxonomie". In: Münstersches Logbuch zur Linguistik 2. Lit Verlag, Münster, S.50-67.

HÖFNER, E. (1997) „Borges und die Konstruktion von Welten, die nicht allzu inkompatibel wären mit der realen Welt". In: Kimminich, E. (Hrsg.): Erfundene Wirklichkeiten: literarische und wissenschaftliche Weltentwürfe. Ausgewählte Beiträge zum Deutschen Romanistentag Jena 1997. Schäuble Verlag Rheinfelden, Berlin, S. 81-108.

HOFFMAN, R./SENTER R.Y (1978) „Recent history of psychology: Mnemonic techniques and the psycholinguistic revolution". In: Psychological Record 28/1978. Denison University, Ohio, S.3-15.

HOFFMAN, R. (HRSG.) (1980) Cognition an figurative language. Lawrence Erlbaum Ass., Hillsdale, New Jersey.

ISER, W. / HEINRICH, D. (1983) Funktionen des Fiktiven. Poetik und Hermeneutik Band X. Fink, München.

ISER, W. (1994) Der Akt des Lesens. Theorie ästhetischer Wirkung. Fink, München.

SCHAUSPIELH. BOCHUM(HRSG.)(1978) Das Schauspielseminar Lee Strasberg: Schauspielhaus Bochum 9.-22. Januar 1978 : aus Tonband-Protokollen ausgewählt, zusammengestellt und mit anderen Texten ergänzt. Industrie-Verlag GmbH, Bochum.

KARABALIC, V. (1994) „Zum Handlungssinn ritueller Sprechakte: Verteidigung vor Gericht". In: Halmwachs, D. (Hrsg.): Sprache-Sprechen-Handeln, Akten des 28. Linguistischen Kolloquiums Graz. Niemeyer, Tübingen, S.92-95.

KASICS, K. (1990) Literatur und Fiktion. Zur Theorie und Geschichte der literarischen Kommunikation. Winter, Heidelberg.

KENDZIORRA, E. (1976) „Sequenzierung von Sprechakten". In: Weber, H. (Hrsg.): Sprachtheorie und Pragmatik. Akten des 10. Linguistischen Kolloquiums Tübingen 1975. Niemeyer, Tübingen, S.357-366.

KIEL, E. (1992) Dialog und Handlung im Drama. Untersuchungen zu Theorie und Praxis einer sprachwissenschaftlichen Analyse literarischer Texte. Peter Lang, Frankfurt am Main.

KIMMINICH, E. (1998) Erfundene Wirklichkeiten: literarische und wissenschaftliche Weltentwürfe. Ausgewählte Beiträge zum Deutschen Romanistentag Jena 1997. Schäuble Verlag, Rheinfelden, Berlin.

KLEMM, I. (1984) Fiktionale Rede als Problem der sprachanalytischen Philosophie. Königsstein, Hanstein.

KNOBLOCH, CL. (1988) Geschichte der psychologischen Sprachauffassung in Deutschland von 1850 bis 1920. Niemeyer, Tübingen.

KOBUS, I. (1998) Dialog in Roman und Film. Untersuchungen zu Joseph Loseys Literaturverfilmungen „The Go-Between" und „Accident". Peter Lang, Frankfurt am Main.

KÖNIG, P.P. (1993) „Nicht-deklarierte Sprecherziele. Überlegungen zur Rekonstruktion kommunikativer Strategien" In: Darski, J.(Hrsg.): Sprache - Kommunikation - Informatik. Akten des 26. Linguistischen Kolloquiums Poznan 1991. Niemeyer Verlag, Tübingen, S.585-592.

KÖNIG, P.P. (1994) Handlungsmuster - Textmuster - Dialogmuster. In: Halmwachs, D. (Hrsg.): Sprache - Sprechen - Handeln,: Akten des 28. Linguistischen Kolloquiums, Graz. Niemeyer, Tübingen, S.109-115.

KOTT, J. (1990) Das Gedächtnis des Körpers: Essays zu Literatur und Theater.Berlin, Alexander-Verlag.

KUßMAUL, P. (HRSG.), (1980) Sprechakttheorie. Ein Reader. Athenaion, Wiesbaden.

KUTSCHERA, F. v. (1975) Sprachphilosophie. Fink, München.

LAMNEK, S. (1995) Qualitative Sozialforschung, Bd. 2, Methoden und Techniken. Psychologie Verlags Union, Weinheim.

LANDMANN, M. (HRSG.) (1968) Das individuelle Gesetz. Suhrkamp, Frankfurt am Main.

LAZAROWCZ, K. (1997) Gespielte Welt. Peter Lang Verlag, Frankfurt am Main.

LEISCHNER, A. (1990) Aphasie bei Künstlern. In: Feldbusch, E. (Hrsg.): Akten des Linguistischen Kolloquiums Paderborn 1990: Innovation und Anwendung. Niemeyer, Tübingen, S.187-206.

LERCHNER, G. 1987) Literarischer Text und kommunikatives Handeln. Sitzungsberichte der Sächsischen Akademie der Wissenschaften zu Leipzig. Philologisch-Historische Klasse. Akademie Verlag, Berlin.

LEVINSON, ST. C. (1990) Pragmatik. Ins Deutsche übersetzt von Ursula Fries. Konzepte der Sprach- und Literaturwissenschaft. Niemeyer, Tübingen.

LINK, J./LINK-HEER, U. (1977) „Diskurs / Interdiskurs und Literaturanalyse". In: Zeitschrift für Literaturwissenschaft und Linguistik 20. Vandenhoeck und Ruprecht, Göttingen, S.88-99.

LINKE, A. (HRSG.) (1996) Studienbuch Linguistik. Reihe Germanistische Linguistik. Niemeyer, Tübingen.

LUTJEHARMS, M. (1991) Gedächtnisprozesse und Valenztheorie: Zur Frage der Teilkomponenten oder Ebenen bei der Sprachverarbeitung". In: Feldbusch, (Hrsg.): Akten des 25. Linguistischen Kolloquiums Paderborn 1990: Innovation und Anwendung. Niemeyer, Tübingen, S.235-240.

MANDERINO, N. (1985) All About Method Acting. Manderino Books, Los Angeles.

MAYER, R. E. (1979) Denken und Problemlösen: Eine Einführung in das menschliche Denken und Lernen (übersetzt von Edda M. Pinto). Springer Verlag, Berlin, Heidelberg, New York.

MARTEN, C. (1991) Gefühle. Kümmerle, Göppingen

MEY, J. (1993) „Edifying Archie or: How to Fool the Reader". In: Parret, H. (Hrsg.): Pretending to communicate. Walter de Gruyter, Berlin, New York, S.154-172.

MEYER-HERMANN, R. (1979) Sprechen - Handeln - Interaktion. Ergebnisse aus Bielefelder Forschungsprojekten zu Texttheorie, Sprechakttheorie und Konverationsanalyse. Niemeyer, Tübingen.

MÜNCH, D. (1993) Intention und Zeichen. Untersuchungen zu Franz Brentano und zu Edmund Husserls Frühwerk. Suhrkamp, Frankfurt am Main.

NENDZA, J. (1991) Wort und Fiktion. Eine Untersuchung zum Problem der Fiktionalität in der Sprachzeichenkommunikation, Alano, Aachen.

NATOLI, S. (1998) „Intention and Rules". In: Zaccaria, G. (Hrsg.): Intention und Interpretation. Yearbook of legal Hermeneutics 3. Lit Verlag, Münster, S.51-68.

OHMANN, R. (1972) „Speech, Literature and the Space between". In: New Literary History Volumne IV. The University of Virginia, Charlotteville, S. 47-63.

PARRET, H. (HRSG.) (1993) Pretending to communicate, Walter de Gruyter, Berlin, New York.

PETRY, S. (1990) Speech acts and literary theory. Routledge, London.

PLATON (1920) Theatët. Übersetzt von O. Apelt. Meiner, Leipzig.

POLJAKOWA, E. (1981) Stanislawski. Leben und Werk des großen Regisseurs. Keil Verlag, Bonn.

PREYER, G. (HRSG.) (1997) Intention - Bedeutung - Kommunikation. Kognitive und handlungstheoretische Grundlagen der Sprachtheorie. Westdeutscher Verlag, Opladen.

QUINTILIAN (1865) Anleitung zur Beredsamkeit. Buch XI (Institutio Oratoria). Teubner, Stuttgart.

ROLF, E. (1990) „On the concept of action and illocutionary logic". In: Burkhardt, (Hrsg.): A critical Approach to the Philosophy of J.R. Searle. De Gruyter, Berlin, S.147-168.

RELLSTAB, F. (1992) Stanislawski Buch. Theorie und Praxis der Schauspielkunst nach dem „System" des K.S. Stanislawski. Stutz, Wädenswill.

RÜHLE, J. (1957) Das gefesselte Theater. Kiepenheuer und Witsch, Köln , Berlin.

SCHMACHTENBERG, R. (1982) Sprechakttheorie und dramatischer Dialog. Ein Methodenansatz zur Dramentinterpretation. Niemeyer, Tübingen.

SCHOLZ, B. (1992) „Zitat, Text, Intertext". In: Zeitschrift für Semiotik 14,3. Stauffenberg, Tübingen, S.191-322.

SCHULZ VON THUN, FR. (1981) Miteinander reden: Störungen und Klärungen. Psychologie der zwischenmenschlichen Kommunikation. Rowohlt, Reinbek.

SEARLE, J. R. (1969) Speech acts. An Essay on the Philosophy of Language. University-Press, Cambridge.

SEARLE, J. R. (1971) Sprechakte. Ein sprachphilosophischer Essay. Suhrkamp, Frankfurt am Main.

SEARLE, J. R. (1975) „The logical Status of fictional Discourse". In: New Literary History, Volumne VI 6/2. The University of Virginia, Charlotteville, S. 319-332.

SEARLE, J.R. (1980) Eine Klassifikation der Illokutionsakte. In: Kußmaul, P. (Hrsg.): Sprechakttheorie. Ein Reader. Athenaion, Wiesbaden, S. 82-108.

SEARLE, J.R. (1980a) „An Interview. Speech Act Theory -Ten Years Later". Versus 26/27. Mauri, Milano, S. 17-27.

SEARLE, J. R. (1982) Ausdruck und Bedeutung: Untersuchung zur Sprechakttheorie. Suhrkamp, Frankfurt am Main.

SEARLE, J. R. (1983) Intentionality. An Essay on the Philosophy of Mind. University-Press, Cambridge.

SEARLE, J.R. (1987) Intentionalität. Eine Abhandlung zur Philosophie des Geistes. Suhrkamp, Frankfurt am Main.

SHELDRAKE, R. (1992) Das Gedächtnis der Natur. Scherz Verlag, Bern, München, Wien.

SIEGMUND, G. (1996) Theater als Gedächtnis: semiotische und psychoanalytische Untersuchung zur Funktion des Dramas. Forum modernes Theater. Bd. 20. Narr, Tübingen.

SCHÖNPFLUG, W. & U. (1984/86) (Version C) Studieneinheit Kernkurs Psychologie: Nr.5 „Gedächtnis" und Nr.10 „Lernen". Deutsches Institut für Fernstudien an der Universität Tübingen, Erlangen/Tübingen.

SIMMEL, G. (1968) „Zur Philosophie des Schauspielers". In: Landmann, M. (Hrsg.): Das individuelle Gesetz. Suhrkamp, Frankfurt am Main, S.75-95.

SÖKELAND, W, (1980) Indirektheit von Sprechhandlungen. Eine linguistische Untersuchung. Niemeyer, Tübingen.

SORMANI, L. (1998) Semiotik und Hermeneutik im interkulturellen Rahmen. Interpretationen zu Werken von Peter Weiss, Rainer Werner Fassbinder, Thomas Bernhard und Botho Strauß. Peter Lang, Frankfurt am Main.

SPÖHRING, W. (1995) Qualitative Sozialforschung. Studienskripten zur Soziologie; B. G. Teubner, Stuttgart.

STANISLAWSKI, K. S. (1981) Die Arbeit des Schauspielers an sich selbst, Teil I - Erleben. Literaturvertrieb GmbH, Westberlin.

STANISLAWSKI, K.S. (1999) Die Arbeit des Schauspielers an der Rolle. Henschel Verlag, Berlin.

STIERLE, K. (1976) „Über den Zusammenhang von Handlungstheorie und Handlungspoetik". In: Poetica Zeitschrift für Sprach- und Literaturwissenschaft, Bd.8. B.R. Grüner, Amsterdam, S.321-324.

STRASBERG, L. (1966) Strasberg at the Actors Studio. Tape-recorded sessions. Edited by Norbert H. Hethmon. Jonathan Cape, London.

164

STRASBERG, L. (1988) A dream of passion - The development of the Method. Edited by Evangeline Morphus. Bloomsbury, London.

STRÄSSLER, J. (Hrsg.) (1998) Tendenzen europäischer Linguistik. Akten des 31. Linguistischen Kolloquiums Bern 1996. Niemeyer, Tübingen.

STRATMANN, G. (1994) Re-Telling Stories on the Stage: The Nicholas Nickleby Production of the RSC (1980). In: Ahrends, G. (Hrsg.): Word and Action in Drama. Studies in Hinour of Hans-Jürgen Diller on the Occasion of his 60th Birthday. Wissenschaftlicher Verlag, Trier, S.225-238.

STUCKMANN, E. (1986) Die Klassiker der französischen Literatur. ECON Taschenbuchverlag, Düsseldorf.

TROBISCH, ST. (1993) Theaterwissenschaftliche Studien zu Sinn und Anwendbarkeit von Verfahren der Schauspieler-Ausbildung. Peter Lang, Frankfurt am Main.

TUGENDHAT, E. (1976) Vorlesungen zur Einführung in die sprachanalytische Philosophie. Suhrkamp, Frankfurt am Main.

ULKAN, M. (1992) Zur Klassifikation von Sprechakten. Eine grundlagentheoretische Fallstudie. Niemeyer, Tübingen.

VATERRODT, B. (1992) Skripts und Gedächtnis. Europäische Hochschulschriften VI, Bd. 371. Peter Lang, Frankfurt am Main.

VESTER, F. (1997[24]) (1978) Denken, Lernen, Vergessen. Was geht in unserem Kopf vor, wie lernt das Gehirn und wann läßt es uns im Stich. Deutscher Taschenbuch-Verlag, München.

VOSSENKUHL, W. (1982) Anatomie des Sprachgebrauchs. Über die Regeln, Intentionen und Konventionen menschlicher Verständigung. Klett-Cotta, Stuttgart.

WEBER, H. (HRSG.) (1976) Sprachtheorie und Pragmatik. Akten des 10. Linguistischen Kolloquiums Tübingen 1975. Niemeyer, Tübingen.

WEINRICH, H. (1976) Sprache in Texten. Klett, Stuttgart.

WEINRICH, H. (1990) „Über Sprache, Leib und Gedächtnis". In: Gumbrecht, H.U. (Hrsg.): Materialität der Kommunikation. Suhrkamp, Frankfurt, S.80-93.

WEINRICH, H. (1997) Lethe - Kunst und Kritik des Vergessens. Beck, München.

WELLBERY, D.E. (HRSG.) (1993) Positionen der Literaturwissenschaft. Acht Modellanalysen am Beispiel von Kleists „Das Erdbeben in Chili". Beck, München.

WELS, A. (1997) Die Fiktion des Begreifens und das Begreifen der Fiktion. Europäische Hochschulschriften XX. Bd. 539. Peter Lang, Frankfurt am Main.

WETTLER, M. (1991) „Assoziative Prozesse bei der Satzbildung". In: Feldbusch, E. (Hrsg.): Akten des Linguistischen Kolloquiums Paderborn 1990: Innovation und Anwendung. Niemeyer, Tübingen, S.241-244.

WIMMER, R. (1979) Referenzsemantik. Untersuchung zur Festlegung von Bezeichnungsfunktionen sprachlicher Ausdrücke am Beispiel des Deutschen. Niemeyer, Tübingen.

WITTGENSTEIN, L. (1960) Philosophische Untersuchungen. Schriften I. Suhrkamp, Frankfurt am Main.

WOLLF, R (1977) Strukturalismus und Assoziationspsychologie: empirisch.-pragmatische. Literaturwissenschaft im Experiment. Beaudelaires „Les chats". Tübingen, Niemeyer.

WUNDERLICH, D. (1978) Studien zur Sprechakttheorie. Suhrkamp, Frankfurt am Main.

YATES, Fr. A. (1990) Gedächtnis und Erinnern. Mnemonik von Aristoteles bis Shakespeare. VCH, Weinheim.

ZACCARIA, G. (HRSG.) (1998) Intention und Interpretation. Ars Interpretandi. Yearbook of legal Hermeneutics 3. Lit-Verlag, Münster.

ZEISSIG, G. (1990) Die Überwindung der Rede im Drama: mit einer wissenschaftlichen Studie des Herausgebers. Aisthesis, Bielefeld.

ZIELKE, W. (1973) Die Technik der Gedächtnisschulung. Goldmann, München.

ZILLIG, W. (1982) „Emotionen als perlokutionäre Effekte". In: Denison, (Hrsg.): Grazer Linguistische Studien 17/18: Perlokutionäre Aspekte. Herbst 1982 Graz, S. 317-349.

ZILLIG, W. (1994) „Zur Rekonstruktion des Begriffs 'Intention'". In: Denison, N. (Hrsg.): Grazer Linguistische Studien 42, Herbst 1994, S. 131-139.

ZURHORST, M. (1989) Mickey Rourke. Seine Filme, Sein Leben. Heyne Filmbibliothek, Wilhelm Heyne Verlag, München.